Para Roy Fer

Quien a pesar de los
34 año pasados
sigue siendo el
mismo amigo y el
mismo "niño nuevo"
que un día nos sorprendió
en el internado en
el campo "Leoncio Prado"

Con la fraternidad de siempre

Carlos Manuel Estefanía Aulet

Montreal 23 de diciembre
de 2006

Pasión y Razón de Cuba

Libros Abiertos

Pasión y Razón de Cuba

Carlos M. Estefanía

Primera edición, noviembre de 2005

ISBN: 84-934474-3-9
Depósito legal: SE-5013-2005 European Union

Impresión: Publidisa
Printed in Spain - Impreso en España

A los hijos rebeldes de la Revolución

ÍNDICE

CAPÍTULO I

EL DIÁLOGO POR BANDERA

1.1. YA LO DICE EL POETA

El poeta y periodista Raúl Rivero, arribó el 1 de abril de 2005 a España como exiliado político. Entre los primeros actos públicos del recién llegado disidente estuvieron la concesión de una importante rueda de prensa y su entrevista en La Moncloa con el jefe de Gobierno español. José Luis Rodríguez Zapatero dio la bienvenida a Rivero, por su parte, el intelectual cubano le agradeció las gestiones realizadas para obtener de La Habana su liberación, como también, las demandas hechas por el anterior Gobierno español a favor de su causa.

De las primeras declaraciones públicas realizadas por Raúl Rivero apenas salió de Cuba, las palabras más importantes fueron: en primer lugar, aquellas con las que caracterizó el carácter progresista, que en términos generales tiene el movimiento democrático en la Isla; en segundo lugar, las que utilizó para argumentar en favor del diálogo con el Gobierno de su país como vía para lograr la libertad de los cubanos, estas fueron transmitidas a todo el mundo en el espacio informativo de Radio Televisión Española, en la noche del 2 de abril de 2005. Rivero se basó en el ejemplo de su propia liberación y la experiencia de 15 años como periodista independiente para defender la vía de los contactos con el poder cubano como la indicada para alcanzar resultados positivos, por ejemplo, la obtención de la libertad de sus compañeros que aún sufren prisión.

Detención de Raúl Rivero el 20 de marzo de 2003.

Raúl Rivero no está solo en esta percepción, cada vez son más los cubanos, tanto dentro del movimiento democrático en la Isla, como en la diáspora —quién sabe si también encubiertamente dentro del Gobierno— que creen en las virtudes del diálogo como vía para solucionar los problemas de Cuba. Ocurre que los tiempos cambian y con ellos las estrategias políticas. Así sucede en el caso del enfrentamiento con el régimen de Fidel Castro. Muchos de los que en 1961 apostaban por la lucha armada, hoy están dispuestos a llevar la pelea, no a balazos en la montaña o en la costa sino sobre la mesa de las negociaciones con quien, pese o todos los esfuerzos por derrocarlo, aún detenta el poder absoluto en Cuba. Esta disposición para dialogar con el enemigo irreconciliable no desmerece un ápice el heroísmo que se tuvo al combatirlo militarmente. Por el contrario, sólo el que está seguro de los principios morales alza una bandera de paz que lejos de dar dividendos políticos o económicos, lo primero que trae sobre el que la sostiene son críticas e injurias.

Sobre la existencia dentro del comunismo cubano, de personas dispuestas a dialogar, con disidentes y exiliados, recibimos un guiño en la película *Fresa y Chocolate* (Cuba, 1993); en ella, el joven comunista David es capaz de vencer las suspicacias que en él despierta la doble condición de homosexual y disidente de Diego y llega a convertirse en su amigo, aún cuando sabe el todavía "revolucionario" de David que el desilusionado Diego abandonará el país a causa de las represalias tomadas en su contra por criticar al proceso.

Ricardo Gónzalez (izquierda) con Raúl Rivero.

1.2. ¿QUIÉNES ESTÁN CONTRA EL DIÁLOGO COMO SOLUCIÓN A LA TRAGEDIA CUBANA?

El primero que se opone es Fidel Castro. Conoce mejor que el resto de sus compañeros de trinchera (comunistas o no) que una mesa de negociaciones serias puede convertirse en una bomba de tiempo contra su autocrático sistema, sabe que por negociar con opositores y no aplastarlos como ordena el manual de marxismo-leninismo, los comunistas perdieron el poder en Hungría, Checoslovaquia, Polonia, Bulgaria, República Democrática Alemana, y que si sus amigos chinos aún se mantienen en el poder es porque enviaron tanques como respuestas a las peticiones "dialogueras" de los estudiantes en 1989. Fidel no acepta el diálogo porque es un "mal negocio". Ha invertido mucho dinero y con buenos resultados, para crear ante la opinión pública internacional la imagen de un exilio cavernícola, sediento de sangre y venganza. No sería rentable, pues, aceptar a estas alturas que entre esos cubanos exiliados hay quienes, sin la menor intención de rendirse en su búsqueda de la democracia, poseen sangre fría suficiente para discutir de manera civilizada con quien sea, la liberación de los 11 millones de rehenes del totalitarismo cubano, todo con tal de evitar que Cuba termine por convertirse en una versión gigante de lo que aconteció en la embajada japonesa del Perú. Desgraciadamente, Castro parece empecinado en seguir dando el mal ejemplo que condujo a la muerte de sus discípulos, los miembros del comando del Movimiento Revolucionario Tupac Amaru (MRTA) acribillados por las tropas de élite de Fujimori, el 22 de abril de 1997, por no ceder cuando todavía había tiempo de abandonar la embajada japonesa en Perú.

Pero Castro no está solo en la oposición al diálogo. Tiene a su favor, aunque parezca absurdo, a sus más radicales enemigos, los intransigentes del llamado "exilio histórico", especialmente los miembros de las organizaciones paramilitares que todavía creen en la guerra como la única vía para liberar a Cuba del comunismo. Entre los críticos más furibundos de la estrategia del diálogo tenemos los Comandos F-4, el Ejército de Liberación Nacional y el Frente Unido de Liberación Nacional, por citar algunos grupos.

La línea del diálogo suele ser atacada desde posiciones diferentes aunque a veces entremezcladas; la de los moralistas, la de los escépticos y las de los que temen una solución que los deje fuera como protagonistas del cambio. Para el moralista, quien dialoga corre el peligro de "infectarse" de "castroeteritis", considera al "dialoguero" un ser sin honra que pretende sobarle el lomo al culpable del hundimiento económico y moral de Cuba. Quizás acepte dialogar con alguna figura del régimen pero nunca con el que realmente manda, olvida que en el sistema de poder cubano no existen estructuras independientes, y que si algún día una revuelta palaciega sacara del juego al máximo jerarca, entonces ya no tendría sentido dialogar pues como dice el eslogan, "No Castro, no problem".

El escéptico suele ser más respetuoso en su definición del que dialoga, en quien ve a un ingenuo, alguien que no comprende lo difícil que es lograr la democratización por el camino de la negociación con Fidel Castro.

Por último están los que si creen en los resultados del diálogo y temen un "Violetazo" —en alusión al tránsito que se dio en Nicaragua con la elección de Violeta de Chamorro—, prefieren que Cuba continúe regida por el comunismo antes de que transite un camino similar al nicaragüense, donde se pasó de un régimen promarxista, a uno más democrático pero tutelado por el ejército sandinista. Son estos mismos sectores, los que no las tienen todas consigo cuando se habla del movimiento democrático dentro de la Isla, los que llamaron en su momento "Conciliábulo" a la primera coordinadora de organizaciones opositoras en Cuba, Concilio Cubano, alertaba en la década del noventa del pasado siglo contra el posible "Elizardazo" —como hoy hacen contra Oswaldo Payá tildándolo de "Payaso"—, que deje fuera a los grupos del exilio al tiempo que conceda garantías y cuotas de poder a los representantes del viejo régimen. Esta actitud se manifestó claramente durante la visita del opositor socialista democrático Elizardo Sánchez a Miami en enero de 1997, a quien la Junta Patriótica Cubana consideró persona *non grata*. La intolerancia no tuvo en cuenta los años de cárceles y las agresiones físicas sufridas por Sánchez, ni que éste continúa luchando a su manera en Cuba, no en Suecia o España. Condenaron a un hombre al que el propio Fidel Castro llama "tipejo contrarrevolucionario sumado a las campañas de la CIA", para más tarde lanzar contra él otra campaña de descrédito, aquella en la que se le presenta como agente de la Seguridad del Estado —como si el régimen hubiese adoptado la norma de delatar a sus propios infiltrados en la oposición—. Se trata pese a todo de un disidente que está dispuesto a seguir su pelea en las entrañas del monstruo totalitario. Lo despreciaron en Estados Unidos exactamente igual que lo hizo Julio

Anguita, cuando era coordinador general de la coalición Izquierda Unida —cuya columna vertebral es el Partido Comunista de España— y no aceptó recibir a Elizardo durante un viaje del opositor cubano a España.

Todo cambia. El exilio cubano en Estados Unidos está cambiando, entre otros motivos porque se nutre de nuevas oleadas de cubanos, algunos poco politizados, otros menos resentidos, ya que no perdieron propiedades, ni tampoco vieron caer a sus compañeros durante la lucha guerrillera de los 60. Los nuevos exiliados suelen tener una perspectiva más objetiva de la nueva mentalidad, que para bien o para mal, existe hoy en la población cubana y están contribuyendo al cambio de códigos en el discurso político de Miami. Quizás la señal más clara de los nuevos aires que soplan desde fines del pasado siglo, y que podrían algún día conducir a un debate directo entre el exilio y el régimen cubano, lo dio una organización que originalmente se había mantenido siempre en distancia con las que abogaban por el diálogo, la Fundación Nacional Cubano Americana, hablamos de los tiempos en los que aún era regentada por Mas Canosa padre (su hijo, al heredar el liderazgo de la misma desencadenó una verdadera *perestroyka* haciendo salir de ella la membresía más intransigente), cuando superaba a las demás por su capacidad para el cabildeo dentro de las instituciones gubernamentales norteamericanas y que era por entonces la única fuerza material capaz de hacerle frente con sus recursos económicos al poderoso Partido Comunista Cubano. La Fundación, identificada históricamente con la intransigencia ante el diálogo, fue capaz de flexibilizar sus posiciones el 5 de septiembre de 1996. Ese día, ante las cámaras de la CBS, el presidente de su Junta directiva por entonces, el hoy extinto Jorge Mas Canosa, debatió sobre la actualidad y el destino de Cuba, con un disciplinado vocero de Fidel Castro, el presidente de la adocenada Asamblea del Poder Popular, Ricardo Alarcón. Desde el momento en que se dialoga con un individuo comprometido con la Revolución, casi tanto como el propio Castro, se está sentando un precedente favorable para quienes aspiramos a que un día los líderes de la diáspora cubana y los del Partido Comunista discutan sin intermediarios el tránsito a la democracia.

1.3. ¿QUIÉNES ESTÁN A FAVOR DEL DIÁLOGO?

En primer lugar, la más grande de las pocas instituciones independientes del Estado que han podido sobrevivir tras los años de comunismo: la Iglesia católica de Cuba. En segundo lugar, la gran mayoría de los grupos de la oposición interna, quienes desarmados y rodeados de lobos siguen al pie de la letra la sentencia bíblica de ser "astutos como serpientes y mansos como palomas". Se trata en buena medida de las organizaciones que se aglutinaron bajo el documento Todos Unidos, firmado en La Habana, 12 de noviembre de 1999, y también, las que impulsaron desde mediados de 2004 el llamado Consenso Progresista, es decir, Arco Progresista, Cambio Cubano y Proyecto Demócrata Cubano. Ellas le exigen permanentemente al régimen, con expresiones "políticamente correctas" que se les reconozca legalmente su condición de opositoras y que así como se invitan determinados exiliados a las conferencias de la Nación y Emigración, se les invite un día a todas ellas a discutir con ese mismo Gobierno el modo de salvar la nación cubana. Como respuesta, los opositores en la Isla reciben el silencio o, en la mayoría de los casos cárcel, acoso de brigadas de acción rápida y la difamación permanente por parte de los medios de comunicación controlados por el Partido Comunista Cubano.

Dentro del exilio cubano en Europa y Latinoamérica, predomina la disposición a discutir con el Gobierno de Castro la transición a la democracia. En estas colonias se encuentran buena parte de las bases de los partidos que conforman la Plataforma Democrática Cubana: Unión Liberal Cubana, Partido Demócrata Cristiano y Coordinadora Socialdemócrata de Cuba. Tres organizaciones que pese a sus diferencias ideológicas encuentran como fundamento para su alianza la disposición compartida de "pasar a Castro por las urnas, no por las armas", de hacer todo lo posible, sin la menor concesión de principios morales, para que el régimen entienda que la transición pacífica a la democracia es la mejor alternativa. Castro sabe bien que aquí no se trata de hacerle el juego, y que la Plataforma cuenta con el respaldo internacional, que no tienen otros grupos y contra ella sigue dos estrategias; en primer lugar, la de ignorar su propuesta, en segundo la de confundir a la opinión publica mundial, identificando las tesis de la Plataforma Democrática con las posiciones más intransigentes de la Fundación Nacional Cubano Americana —posiciones un tanto superadas a partir del relevo generacional que significó el arribo de Jorge Mas Santos a la dirección de la Fundación, tras la muerte de su padre en noviembre de 1997—, y presentando a Carlos Alberto Montaner (presidente de ULC), ya como un agente de la CIA, o bien como un antiguo subordinado del extinto Jorge Mas Canosa. Al mismo tiempo los propagandistas del castrismo dentro de los Estados Unidos hacen lo posible por resaltar los conflictos entre Fundación, Plataforma y otros grupos, buscando dividir a los exiliados para que el comunismo pueda gobernar en la Isla.

Carlos Alberto Montaner.

Auque también debemos reconocer la presencia de razones para disensos, incluso dentro de la Plataforma, sobretodo con el desplazamiento paulatino de la ULC hacia posiciones más duras; movimiento evidenciado en la conferencia sobre la situación de Cuba –a la que nos volvemos a referir en el último capítulo-organizada en Bruselas, entre otros , por el Partido Liberal y el Popular Europeo donde Carlos Alberto Montaner, apartándose de su talante favorable a la transición dialogada con el gobierno cubano, pidió el restablecimiento de las sanciones europeas contra este suspendidas en febrero del 2005.

Sin los contactos internacionales de la Plataforma, aunque con cierto respaldo de la social democracia española y sueca, Eloy Gutiérrez Menoyo y su grupo Cambio Cubano vienen apostando desde 1993 por discutir directamente con Fidel Castro la situación de los derechos humanos y la democratización de Cuba. Menoyo tiene en su contra los efectos de las campañas de prensa antidiálogo, su origen y acento español, que permite a algunos bromear llamando a su grupo "Cambio Español" y el no haber sabido (o querido) establecer alianzas con otros grupos del exilio afines a sus posiciones moderadas, así mismo, quizás movido por el afán de resaltar su independencia, ha sido implacable en la crítica de proyectos internacionales o nacionales encaminados a la democratización de la Isla, respaldados de manera alternativa por las dos grandes coaliciones de organizaciones opositoras en la Isla, es decir Todos Unidos (más moderada) y La Asamblea para Promover la Sociedad Civil en Cuba (más intransigente). A su favor tiene una larga trayectoria de lucha armada por la democracia en Cuba, primero contra Batista, como figura del Directorio Estudiantil Revolucionario, y luego contra Castro, como fundador de Alfa 66. A esto se suma largos años de cárcel, cargados de maltratos físicos. Una señal de la capacidad de Eloy Gutiérrez Menoyo para establecer alianzas y contribuir al fortalecimiento de una oposición de izquierda en Cuba, lo cual es algo positivo, ha sido el "consenso" firmado por su organización, Cambio Cubano en julio de 2005 con el llamado Arco Progresista, que integran, además de la Coordinadora Socialdemócrata de Cuba en el exilio, las organizaciones de la disidencia interna; Corriente Socialista Democrática Cubana (CSDC), Mujeres de Izquierda Democrática,

Movimiento Juvenil Socialista Democrático, Partido del Pueblo y el Centro de Estudios del Socialismo Democrático.

Manuel Cuesta Morúa.

Que Menoyo, quien reside en la Isla desde agosto de 2003, está dispuesto a buscar espacios legales, no sólo para Cambio Cubano sino para otras organizaciones de la oposición en Cuba quedó demostrado el 22 de diciembre de 2004. Ese día, el comandante revolucionario, participó junto al hijo rebelde de la revolución Manuel Cuesta Morúa, de CSDC, en el lanzamiento del primer número de la revista *Consenso*[1], donde se incluyen entre otros materiales una entrevista con el poeta y periodista disidente Raúl Rivero, liberado a principios de ese mismo mes. Lo más importante de la actividad no fue que estuvieran en ella representados el Arco Progresista, y el Proyecto Demócrata Cubano, de tendencia demócrata cristiana, sino que se efectuara en un local público, perteneciente a la empresa estatal ECOA nº 24, dependencia del Ministerio

---

[1] La revista de la oposición progresista cubana puede ser leída en Internet en http://www.consenso.org/ .

de la Construcción situada en la popular barriada habanera del Cerro. Algo inconcebible para quienes conocen las medidas tradicionales del Gobierno cubano encaminadas a segregar a los opositores (es verdad que a raíz del encuentro fue incautada la biblioteca de Morúa por la policía), pero para las medidas represivas al uso, resulta esto sólo un detalle marginal. Sin dudas algo se mueve en Cuba y Menoyo es parte de ese Cambio.

Eloy Gutiérrez Menoyo.
Fotogradfía cedida por Patricia Gutiérrez.

Viajando Menoyo a Cuba, en varias ocasiones, lo que perdió en prestigio ante los ojos del exilio histórico, lo ganó frente al ciudadano cubano de a pie, quien víctima de la propaganda gubernamental creía que todos los alzados anticomunistas no eran más que bandidos al servicio de la CIA. Al recibir Fidel Castro a Menoyo, no daba un espaldarazo más a su régimen, de eso se encargaron las cancillerías extranjeras hace años, legitimaba (a su pesar) ante los ojos de muchos de los que las combatieron, las primeras guerrillas antiestalinistas del hemisferio occidental. Desgraciadamente, los grupos beligerantes del exilio no comprendieron este importante detalle.

Quien analice la ponencia de Eloy Gutiérrez Menoyo presentada en la segunda conferencia "La Nación y La Emigración", celebrada entre el 3 y el 6 de noviembre 1995, descubrirá a simple vista el carácter subversivo del mensaje dado en la Isla. En primer lugar, afirmó que su lucha de casi 50 años ha sido por Cuba, con esta frase refutó el monopolio sobre los intereses patrios que pretende el castrismo. Habló de la Revolución soñada, de la que terminó devorando hijos y dividiendo a la familia, de la voz que ha absorbido el discurso del proceso silenciando a los demás, de lo remoto del ideario moscovita, de la colectivización del pensamiento, del porqué de su lucha contra el marxismo-leninismo tropical (que aún rige en la Isla, no lo olvidemos), demostró que no todas las oposiciones estuvieron tuteladas por la CIA, (como nos hacen creer todavía en Cuba), y habló de que no guarda rencor contra aquellos a quienes disparó ni contra los carceleros "extremados en sus deberes". Tras darle el gustazo al Gobierno cubano de criticar las posiciones más intransigentes del exilio, le dio el trancazo, con su llamado "inoportuno" para que se den pasos concretos hacia la democratización: se despenalicen los actos de opinión, exista libertad de pensamiento y palabra, se ponga fin a los llamados delitos de rebelión y desacato, se abran los medios de comunicación, que se honre la Declaración Universal de Derechos Humanos, sobre la libertad de asociación y asambleas y, se reconozca por el Gobierno a los monitores de derechos humanos que actúan imparcialmente y sin ningún contubernio extranjero. Sin dejar de lado la creación de una oficina de derechos humanos independiente de cualquier orden público, que se termine además la práctica indecorosa de exigirle visado y de cobrarle a un cubano por entrar en su país, y por último, se decrete la amnistía de los presos políticos, se revise el código penal y se den los pasos hacia una nueva Asamblea Constituyente. Menoyo cuestionó por otro lado el control de la economía interna mientras se abren las puertas al capital extranjero y se convierta en pesos el salario de los empleados cubanos cuando las empresas extranjeras están pagando en dólares.

Menoyo estaba llamando claramente a una revolución del régimen totalitario, y que se dejara de amenazar con el lobo de la CIA o de los Estados Unidos. Llamó en La Habana, (no en Miami, ni desde *Radio Martí*), a los cubanos a aceptar los riesgos, a no temer la posibilidad inmediata del escenario pluripartidista, a fijar una nueva república en la que se cultive una rosa blanca tanto para los que en Cuba han defendido sus ideas con honor, como para los que en la oposición y en el exilio han tenido la dignidad de luchar por aquello en lo que han creído.

Con sus propuestas "dialogueras", Menoyo rompió la etiqueta de aquel evento. Los que seguimos de cerca la realidad cubana estamos conscientes de que el sentido de tales encuentros es el de crear una imagen de afabilidad por parte del régimen hacia sus opositores, de hacer creer al mundo que él también quiere dialogar, pero el truco está en que no acudan los que buscan realmente la democracia en Cuba; claro, puede ocurrir que se le cuele alguno como es el caso de Menoyo. ¿Quién perdería más castigándole por tal osadía? ¿Menoyo porque pidió democracia para Cuba o el Gobierno si lo deporta definitivamente de la Isla? Fidel Castro sabe que es demasiado tarde e intentará usar a Menoyo del mismo modo que Menoyo le usará a él con fines menos inconfesables.

Se acusó a Menoyo de legitimar a Fidel Castro por haber aceptado el hecho de quien es él que detenta realmente el poder en Cuba y hablarle a este con los títulos que él se quiere dar, entonces se tendría que acusar también a Cristo de legitimar el nefasto poder de Roma, cuando decía "dadle al Cesar (a quien en ningún momento llama como se merece; tirano corrupto y cruel) lo que es del Cesar y a Dios lo que es de Dios". Si hay algo que debemos respetar de la actitud de Jesús, aunque no seamos cristianos, y la de Menoyo, aunque no estemos con Cambio Cubano, es la capacidad sobrehumana de perdonar, de echar a un lado el deseo de venganza que lastra el camino, no tanto de la propia salvación, sino la de los otros. A pesar de las distancias, Cristo y Menoyo tienen algo en común, superaron al rencor, no le importó al primero que lo martirizaran en una cruz de Judea, ni al segundo dejar la vista de un ojo en una cárcel de Cuba.

Estocolmo, 29 de diciembre de 2005. Raúl Rivero se encuentra con la redacción de *Cuba Nuestra*. De izquierda a derecha: Carlos Viamontes, Germán Díaz, Raúl Rivero, Jesús Hernández y Carlos M. Estefanía. Entrevistado esa noche por el autor [http://www.cubanuestra.nu/web/article.asp?artID=2810], el poeta disidente confirmó su opción por el diálogo como vía para solucionar los males cubanos, considerando asimismo como una torpeza al embargo norteamericano contra el Estado de Cuba.

1.4. RACIONALIDAD DEL DIÁLOGO

Para comprender plenamente la estrategia del diálogo, no hay que entenderlo como un discurso cuyo único receptor es Castro. El mensaje del diálogo se dirige en primer lugar al pueblo de Cuba y en segundo lugar al mundo. Sólo se entiende la razón del diálogo cuando se sabe cómo piensa el confundido pueblo de la Isla, ese sector todavía determinante al que se le ha hecho temer un exilio, que en supuesta revancha traería desahucio, discriminación, venganza y el cierre de las escuelas y los hospitales públicos (que mal que bien aún funcionan). El mensaje del diálogo es para los gobiernos del mundo que no quieren ver a Cuba convertida en una nueva Yugoslavia, y que defienden con más o menos militancia la permanencia del castrismo como antídoto contra el caos, y para los miles de interesados en Cuba que siguen creyendo que el conflicto de la Isla se desarrolla todavía entre batistianos y guerrilleros, de un lado gorilas y torturadores y del otro justicieros populistas disfrazados de "hermanos del bosque".

Los que sostienen la tesis de discutir con Castro no son ni cobardes ni ingenuos, y aunque nunca fuese aceptada por el régimen la mesa de conversaciones, eso no significará una derrota para el que estaba dispuesto a dialogar, pues con su actitud ha creado el argumento irrefutable de que es Fidel Castro, y nadie más que él, quien cierra la puerta del tránsito pacífico a la democracia.

Cuba va a democratizase, pero nadie sabe cuándo ni cómo: por el derrumbe del sistema tras la muerte biológica de Fidel Castro, por un estallido social, o por la una sublevación del ejército. Ninguna de estas alternativas resulta excluible, sólo la de la permanencia eterna del comunismo. Cuba no es un "súper país" como China, donde el "socialismo de mercado" todavía parece tener larga vida.

1.5. EUROPA COMO MEDIADORA

Sin menospreciar su rica matriz africana, ha de reconocerse que Cuba es, por su composición étnica, fundamentos culturales, y hasta posición geográfica, uno de los países más cercanos a Europa de América Latina. Esta cercanía le permitiría al continente del viejo mundo jugar un importante papel como catalizador del diálogo entre oposición y Gobierno en la Isla. No se trata de una tarea fácil si tenemos en cuenta los vaivenes de la política cubana y la manera en que esta es percibida del otro lado del Atlántico, sobretodo en los últimos años. Hagamos un repaso:

En marzo de 2003 y a la sombra mediática de la guerra desatada por Estados Unidos contra Irak, el Gobierno cubano desató una ola represiva, arrestando y condenado a penas que iban hasta los 25 años, a 75 opositores pacíficos. Al mismo tiempo, en un evidente afán de crear confusión sobre los métodos de lucha de la oposición, ejecutó, tras un juicio sumario a tres jóvenes cubanos, quienes habían tratado de secuestrar una lancha de pasajeros. Los individuos, negros para más señas, se habían entregado a las autoridades sin dañar a nadie. La cosa salió al revés, la prensa mundial se focalizó en lo acontecido en Cuba y en lugar de hablarse de disidentes secuestradores de lanchas, se afirmó que se habían dado casos de "disidentes" ejecutados.

La respuesta europea no se hizo esperar, veamos algunos ejemplos. En Estocolmo, mientras seguían los arrestos en La Habana, fue convocada una manifestación por parte de los exiliados cubanos, así como las juventudes de los partidos, conservador, democristiano, liberal y socialdemócrata, en la que hicieron uso de la palabra no sólo representantes de estas organizaciones, sino también activistas suecos recién llegado de la Isla, testigos de los estragos de la represión en el movimiento democrático.

En abril de 2003 un grupo de cincuenta artistas e intelectuales españoles, firmó un documento condenando los arrestos de 75 disidentes ocurridos un mes antes, así como la ejecución de los tres jóvenes negros que intentaros escapar de la Isla. Entre los firmantes se encontraban personalidades más que conocidas en Cuba, por ejemplo: Fernando Trueba, Pedro Almodóvar, Joan Manuel Serrat, Javier Bardem, Caetano Veloso, Joaquín Sabina, Ana Belén, Victor Manuel, Juan Imanol Arias, Juan Echanove, Miguel Ríos y Fernando Savater, quienes aseguran en el texto mantener la solidaridad con el pueblo cubano, pero no con quienes usurpan "su representación" y silencian "su voz"[2].

El 5 de junio de 2003, la presidencia griega de la Unión Europea anunció una serie de medidas contra el Gobierno cubano en protesta por los arrestos y ejecuciones, entre otras, las de limitar las visitas bilaterales de alto nivel, reducir el intercambio cultural, así como la de invitar a disidentes cubanos a las fiestas nacionales que celebran embajadas europeas en Cuba. Algo que fue ripostado por Fidel Castro con la prohibición a sus funcionarios de asistir a las recepcio-

---

[2] Ver dicha carta en http://www.cubanuestra.nu/web/print.asp?artID=1339.

nes de las embajadas europeas y negándole a los diplomáticos de la Unión Europea el acceso a las instituciones cubanas.

En marzo de 2004, al cumplirse un año de la ola represiva lanzada en la primavera de 2003, la organización Reporteros sin Fronteras organizó en el Parlamento Europeo, la conferencia: "Europa dice no a la represión en Cuba", evento en el que participaron el disidente y exministro polaco de Exteriores BronIslaw Geremek, el filósofo francés Bernard-Henri Lévy, así como el dramaturgo español Fernando Arrabal. Allí se firmó la "Declaración de Bruselas", donde se reclama nuevamente la liberación de los 75 disidentes. El documento contó con la firma de personalidades destacadas de la vida política europea de la talla de Daniel Cohn-Bendit.

En julio de 2004, el Gobierno de José Luis Rodríguez Zapatero promovió la revisión de las sanciones europeas contra el Gobierno de Cuba, por su parte, el 25 de noviembre, Fidel Castro decidió descongelar los nexos con la embajada española en La Habana.

El desbloqueo de las relaciones con España por parte de Cuba, será seguido, en diciembre de ese mismo año de la concesión de licencias extrapenales "por razones de salud" a siete de los "75", opositores arrestados en abril de 2003. Entre los excarcelados se encuentran figuras importantes del movimiento democrático como el ya mencionado Raúl Rivero, así como el economista y periodista independiente Óscar Espinosa Chepe, se irán liberando a cuentagotas de tal modo que para abril de 2005 catorce de los setenta y cinco prisioneros ya estarán en libertad. Esta señal fue respondida inmediatamente por el Consejo de la Unión Europea para América Latina con recomendaciones encaminadas a premiar al Gobierno cubano: la de suspender las sanciones diplomáticas acordadas en junio de 2003, así como la de no invitar a los disidentes a las fiestas nacionales en las embajadas. Por fin, la Unión Europea suspendió las sanciones, temporalmente, el 27 de enero de 2004, cuando Fidel Castro sólo había liberado a 12 de los 75 disidentes arrestados en la ola represiva de 2003. En cuanto a las invitaciones de opositores a las embajadas, se acordó que el asunto quedaría a discreción de cada país.

El seis de diciembre de 2004, Oswaldo Payá, consciente de que se avecinaban cambios de política con respecto a Cuba y, tras analizar la posiciones europeas con el Consejo Coordinador del Movimiento Cristiano Liberación y consultar tanto a prisioneros políticos como sus familiares, envió una carta a la UE, en ella recomendaba:

1. Si la UE decide que debe suprimir las invitaciones a los disidentes cubanos a las fiestas nacionales de sus estados, debe hacerlo con responsabilidad propia, tomada como una decisión soberana que le corresponde y no como una petición que no hemos hecho. En cualquier caso, respetaremos su derecho a tomar esta decisión libremente, no polemizaremos más sobre ese tema y seguiremos confiando en su buena voluntad.

2. Reanudación del diálogo político por un periodo de 6 meses, de tal forma que la continuación de este diálogo tenga que ser aprobada en consenso en la UE en dependencia del proceso de apertura que el Gobierno cubano le debe a su propio pueblo y que debe concretarse entre otros, en los siguientes pasos:

2.1 Liberación incondicional en los primeros 6 meses del año 2005 de todos los Prisioneros de la Primavera de Cuba (los 75 detenidos) y de aquellos prisioneros políticos pacíficos enfermos o que llevan más de 4 años en prisión y a los que ahora están en prisión sin habérsele realizado juicio.

2.2 Compromiso del Gobierno cubano de liberar a todos los prisioneros políticos pacíficos durante el año 2005.

2.3 Traslado inmediato de todos los prisioneros políticos a sus provincias de residencia con condiciones en los penales dignas, humanas y verificables.

2.4 Cese del hostigamiento, amenazas, detenciones y expulsiones a los ciudadanos por promover los cambios pacíficos, defender los derechos humanos, ejercer el periodismo independiente y practicar su religión.

2.5 Participación en las relaciones con la UE en todos los campos y con pleno derecho de todos los ciudadanos y sectores de la sociedad cubana, no sólo de los vinculados al Gobierno.

3. Ampliación de las relaciones en todos los campos y de la cooperación de la UE con Cuba, como un proceso gradual en la medida en que se concreten las demandas anteriores. Estas demandas son del pueblo al Gobierno cubano y no de la UE.

4. Diálogo en Cuba entre la troika de la UE y el grupo de sus embajadas con una representación del MCL [Movimiento Cristiano Liberación] y de otros grupos de la disidencia, para dar un seguimiento al proceso de liberación de los prisioneros y la puesta en práctica de las medidas anteriores.

5. Como primer paso del diálogo entre la Unión Europea y la oposición cubana, pedimos respuestas precisas sobre la aceptación o no de estos términos cuando tomen una decisión al respecto[3].

Ricardo González Alfonso, periodista independiente, condenado a 20 años de cárcel. Fue uno de los arrestados de marzo de 2003 y se pidió para él cadena perpetua. Amnistía Internacional lo considerea preso de conciencia.
Sepha publicará próximamente su obra *Hombres sin rostros*, poemas desde la cárcel.
Foto cedida por Alida de Jesús Viso Bello, esposa de González.

---

[3] Puede leerse este documento en http://www.cubanuestra.nu/web/article.asp?artID=2354.

Aquí tenemos un documento a tomar en cuenta cuando se trata del papel de Europa como mediadora en el diálogo inevitable entre Fidel Castro y su oposición, pero este no es el único factor como veremos más adelante.

De cualquier modo, Europa debió mantener la mayor cantidad de contactos posibles con los dos fuerzas fundamentales en el juego cubano; la oposición y el Gobierno. Bajo ninguna circunstancia debieron haberse limitado las visitas gubernamentales de alto nivel, o la presencia de las editoriales europeas en las ferias del libro en Cuba o cualquier otro tipo de limitación en el tema de intercambios culturales, mucho menos plantearse el cierre de puertas de las embajadas (aunque sean en días de fiestas nacionales) a los disidentes cubanos. No quiere esto decir que Europa deba mantenerse impávida ante una ola represiva como la de la llamada "primavera negra" de 2003, o que no deba "premiar" los cortos pero significativos pasos positivos en dirección al respeto de los derechos humanos que se den por parte de las autoridades.

Si Europa quiere activar el diálogo en Cuba, entonces sus contactos diplomáticos con el movimiento democrático han de fluir como algo obvio y necesario, no como premio o medidas de castigo al Gobierno de la Isla. Debería ser natural que los activistas democráticos cubanos estuvieran presentes en las recepciones de las embajadas europeas y que recibieran invitaciones y becas de los estados que estas representan, del mismo modo en que los amigos del Gobierno cubano participan en cuanto festejo organizan sus embajadas y reciben el apoyo de ésta, ya sea por razones de estudios, salud o de cualquier otra índole. El Gobierno de Cuba no pregona a los cuatro vientos sus contactos y compromisos directos que hace con los comunistas europeos, ni las invitaciones o "estudios" que le concede a esos admiradores que luego le defenderán a capa y espada. Un ejemplo claro nos lo da Gaspar Llamazares, el coordinador general de Izquierda Unida; cuyo Master de Salud Pública realizado en la Universidad de la Habana —además del compromiso ideológico comunista— podría explicar la falta de respaldo del coordinador general de Izquierda Unida (IU), a la "Carta abierta contra la represión en Cuba" [4], publicada el 7 de junio de 2003 por el diario *El País*.

[4] Ver en *La Jiribilla* la nota donde se informa que Gaspar Llamazares, coordinador general de IU, negó haber firmado carta contra la represión [http://www.lajiribilla.cu/2003/n110_06/ elgranzoo1.html]].

Las embajadas europeas deberían pues imitar a las cubanas: fortalecer el acercamiento a los opositores democráticos, no sólo mediante la presencia de estos en las festividades de delegaciones diplomáticas, sino también invitándoles a congresos y seminarios internacionales, así como ofreciéndoles toda la ayuda informativa material y técnica que su lucha pacifista requiera e incluso concediéndoles los premios que el coraje de estos amerita, siguiendo con el precedente sentado por la entrega del premio Sájarov 2002 a Oswaldo Payá por su *Proyecto Varela*.

¿Qué hacer si el Gobierno cubano da un buen paso? Entonces se le ha de dar su zanahoria; incrementando los convenios en los terrenos culturales, educativos, de salud y deportivos, espacios en los que si bien el Gobierno sale beneficiado (sobretodo desde el punto de vista propagandístico) al pueblo cubano no se le hace daño, por el contrario, se le transmite un saber sobre el mundo exterior que mañana puede utilizar, incluso como arma en caso de que inicie la transición democrática. Lo que no pude hacerse jamás, es sacrificar el respaldo a los opositores como ofrenda al Gobierno cubano.

En cuanto a las organizaciones no gubernamentales del viejo continente realmente interesadas en promover la transición pacifica en Cuba, su deber es tomar contacto con las que están naciendo en la sociedad civil de la Isla y que son auténticamente no gubernamentales.

Lo que decimos para Europa encaja perfectamente para Latinoamérica, de la que Cuba es parte, y de la que también tanto necesita: el principio ha de ser el mismo, mantener y enriquecer las vías de comunicación, tanto con el Estado como con la sociedad civil en la mayor Isla caribeña, ese es el terreno necesario para que el diálogo quede izado en esa tierra, de una vez y para siempre, como la bandera cubana.

Pero las dificultades no provienen sólo, de las veleidades europeas, o las del exilio o la testarudez del Gobierno cubano. Existe un nuevo factor a tomar en cuenta por quiénes dentro o fuera de Cuba, abogamos por el diálogo, me refiero a la oposición dentro de la oposición a este. Veamos como se manifiesta:

El 25 de marzo de 2005 viaja a La Habana, Louis Michel, responsable de Ayuda Humanitaria de la Unión Europea. Se reúne durante varias horas con Fidel Castro e incluye en su agenda el tema de
los disidentes presos; abogando ante el "Comandante" por su liberación. Sin dudas el representante europeo daba respuesta así, a lo que
unos días antes se había discutido en otra significativa reunión, efectuada en la casa de Sven Kühn von Burgsdorff, encargado de negocios de las comunidades europeas. En ella habían participado los
embajadores de España, Italia, Alemania, Reino Unido, Suecia,
Polonia, República Checa, Holanda, Eslovaquia, Hungría, Bélgica
así como el representante de la UE en Cuba y por parte de las fuerzas democráticas se encontraban: Marta Beatriz Roque, Oswaldo
Payá, Vladimiro Roca y Manuel Cuesta.

A juzgar por las declaraciones de los opositores difundidas por la
BBC, sus reacciónes ante la nueva posición de Bruselas fueron diver-
gentes. Roca asume una posición mas pragmática tratando sacar el
mayor provecho de la nueva actitud de los europeos, Payá está dispuesto a "caminar junto con la UE" pero insiste en la prioridad de
temas como el de los presos políticos y la democratización, mientras
que Marta Beatriz Roque expone su total escepticismo tras la reunión: "nadie me ha convencido de nada", dice[5].

Esta diferencia de "interpretaciones", puede tener una explicación en las diversas estrategias que siguen las personalidades invita-
das al encuentro. Sin dudas todas desearían el establecimiento de un
estado de Derecho en Cuba, y han dado muestras de su disposición
a sacrificarse con tal de alcanzarlo. Sin embargo cada uno parece
concebir actores distintos a la hora de alcanzar estos objetivos, actores que se convierten en una especie de "clientela política", que
determina discursos más que diferenciados, contrapuestos.

Estos actores concebidos a grandes rasgos serían para las fuerzas:

1- El propio Gobierno, así como los sectores reformistas que ani-
dan dentro del estado y la masa formalmente "comunista".

---

[5] Ver *Se reúnen la UE y disidentes cubanos*, nota publicada en
BBC.mundo.com, el 22 de marzo de 2005; enhttp://news.bbc.co.uk/hi/spa-
nish/latin_america/newsid_4370000/4370511.stm.

2- Un sector de la población claramente desilusionados con el modelo existente, teniendo como catalizador el respaldo de los gobiernos europeos y latinoamericanos, así como el sector más moderado del exilio.

3- Los sectores más intransigentes de la oposición y del exilio, así como el Gobierno norteamericano como factor de Fuerza.

Por los primeros actores parece apostar Morúa y los socialistas que se le asocian en el Arco Progresista. Por el segundo, Payá, Vladimiro Roca y los grupos moderados que participan de la coalición Todos Unidos. Por los últimos actores la apuesta parece clara en Marta Beatriz Roque y quienes le secundan en la llamada Asamblea Para Promover la Sociedad Civil. La tripartición de estrategias dentro de la oposición es sin duda un factor que también afecta el diálogo.

Mientras que la posición más conciliadora de Arco Progresista o, la participativa que promueve Todos Unidos —utilizando la legislación vigente, como se demostró con el proyecto Varela—, favorecería el diálogo entre comunistas y opositores. El discurso radical de Marta Beatriz Roque, muy a tono con la línea más dura de Miami; boicotea el diálogo, facilitándosele así al inmovilismo oficial la tarea de justificar su falta de concesiones frente al movimiento democrático.

La Asamblea para Promover la Sociedad Civil en Cuba, convocó a sus miembros y simpatizantes a una gran una gran reunión para el 20 de mayo de 2005. La convocatoria recibió el respaldo de muy buena fe por parte de personalidades y activistas democráticos en todo el mundo, incluso de opositores que de otras coaliciones como Todos Unidos, uno de cuyos fundadores, el socialdemócrata, Vladimiro Roca aceptó la invitación de la Asamblea. Sin embargo, hubo sectores e individuos dentro del exilio que se han empeñado en convertir esta "asamblea de la Asamblea", en una especie de parangón para medir quien es un auténtico opositor y quien no, lo hicieron con una vocación "unitaria" que recuerda mucho aquella con la que Fidel Castro terminó por someter a todos los grupos que hicieron la revolución contra Batista.

Y aún más, estos círculos duros del exilio ha decidido convertir a la "Asamblea Para Promover la Sociedad Civil" en una especie de tridente, que sirva para hincar, con igual fuerza, aunque esta sea moral, tanto al Gobierno, como a los sectores de la oposición que no siguen su agenda. Esto se manifestó claramente en la campaña internacional organizada en la diáspora cubana en respaldo a la Reunión de la Asamblea para Promover la Sociedad Civil en Cuba, a celebrarse en mayo de 2005.

Dicha campaña estuvo cargada de ataques y emplazamientos desde distintos flancos contra el premio Sájarov cubano, por sus diferencias políticas con los organizadores de este encuentro, emplazamientos que nunca se escucharon cuando los coordinadores de la reunión, dieron su espalda a otros proyectos "unitarios" del movimiento democrático cubano, como fuera en su momento la creación de Concilio Cubano (1996), Todos Unidos (1998) el mismo proyecto Varela (del que hablaremos más adelante), o el llamado de Oswaldo Payá a un "Dialogo nacional" en el que participen tanto el Gobierno, como opositores y exiliados[6]. El primero de marzo de 2005, el líder del Movimiento Cristiano Liberación denuncio desde La Habana una campaña de descrédito contra el *Proyecto Varela* y su llamado a un Diálogo Nacional, orquestada por Marta Beatriz Roque, Felix Bonné y René Gómez Manzano, con el respaldo de algunos grupos del exilio. Oswaldo también denunció presiones realizadas a su movimiento para que acudiera al encuentro del 20 de mayo organizado por la Asamblea para Promover la Sociedad Civil, reunión que calificó como iniciativa de una parte de la oposición y no de toda la oposición. Vale la pena subrayar que los enemigos del Payá no están solo agazapados dentro de la oposición o el exilio duro en Miami, ellos cuentan con algún que otro acólito, dentro del exilio cubano en Europa; un ejemplo lo hemos hallado, primero con el título de *Seamos honestos* la página web de Gente del Siglo XXI [www.gentiuno.com], un portal que dirige Eleonora Bruzual, periodista venezolana de derechas —Dios los cría y el diablo los junta— y luego bajo la rúbrica de *Mi querido Payá*, en la página 17, sección

---

[6] Ver nota de AFP, "Choque frontal entre Payá y Roque El líder denuncia campaña de descrédito" [http://www.univision.com/content/content.jhtml?cid=560304].

Contrapunteo, del número 13 /mayo-junio 2005, de la revista ENE-PECE, publicación que dirige en Miami Nancy Pérez-Crespo. Nos estamos refiriendo aquí a una nota, firmada la primera vez en Bienne, Suiza, el 2 de Marzo de 2005, por Carlos Wotzkow; un antiguo asistente de los veterinarios en el Zoológico Nacional de Cuba, cuya afición por la escritura y la fauna parecen reflejarse en la manera conque enviste a Oswaldo Payá:

> "...Ni Cuba, ni la libertad de los cubanos es cosa de juego Payá, y tu no te cansas de retozar con ellas. Ahora despotricas contra Marta Beatriz Roque Cabello, René Gómez Manzano y Félix Bonne Carcaces [líderes de la Asamblea]. Ahora, en el momento más definitorio, te declaras renuente en esa reunión en la que la seguridad va a arrasar para despejarte el camino libre. ¿Cuántas llamaditas al Ministerio del Interior te costó el arreglo?

> Otra cosa que me llama la atención es que tus dos hermanos, representantes de tu (aceptado) proyecto vivan muy lejos el uno del otro. Uno, fue "asignado" a Madrid, mientras que el otro, lo "asignaron" a Miami: los dos núcleos más representativos del exilio cubano. Los pajaritos cantan Payá y yo, soy ornitólogo y los conozco hasta por las cagadas. ¿Cómo salieron de Cuba tus hermanos Payá? ¿Podrías contárnoslo, para que luego no digas que inventamos cosas? Aparte de hacer propaganda a "tu" proyecto: ¿Por qué no tratan de vivir juntos el uno del otro? ¿Cuáles son sus funciones verdaderas?

> Así que invitas al diálogo a los del Gobierno de Castro, que encarcelan a sus oponentes, difaman de todo el pueblo, hacen campañas inmensas contra los disidentes, y llevan a cabo ejecuciones sumarias, pero a la reunión del 20 de Mayo no vas y no te sumas a pesar de que ellos sí te han invitado. ¿Sabes una cosa Payá? A mi no me engañas.

> De que estás al servicio de Castro y eres uno de sus agentes ya no tengo la menor duda...".

Este artículo es el ejemplo más vivo y descarnado de la agresividad verbal con la que algunos individuos y grupos del exilio cubano han usado las discrepancias públicas entre Marta Beatriz Roque y Oswaldo Payá, con el fin de justificar sus ataques al gestor del *Proyecto Varela*, un proyecto que como veremos más adelante en este libro, nunca gustó a los sectores recalcitrantes del anticastrismo.

Sin embargo, Payá no es el único que desde la sociedad civil
cubana ha marcado distancias con la Asamblea para Promover la
Sociedad Civil en Cuba. En un comunicado publicado en *Encuentro
en la red* el 16 de marzo, Manuel Cuesta Morúa anunciaba la decisión de la coalición Arco Progresista de no participar en el cónclave
del 20 de Mayo. Incluso uno de los partidos más nutridos y mejor
estructurados de cuantos conformaban la Asamblea para Promover
la Sociedad Civil, el Partido Solidaridad Democrática (PSD), decidió
romper públicamente con esta coalición opositora el 22 de marzo de
2005. Por lo que se desprende de la justificación dada por el ejecutivo del PSD a su alejamiento, una élite se había apropiado del proyecto y hablaba en nombre de organizaciones con las que no se
había contado[7].

Aún así, cuando parece que la política europea retoma el cause
que le permitiría convertirse nuevamente en el catalizador perfecto
del diálogo, la conformación de un polo intransigente dentro de la
oposición, se convierte en un elemento delicado a tener en cuenta,
una barrera difícil de erradicar en tanto constituye, como una paradoja más de esta historia, la "oposición" soñada, tanto entre los *talibanes* del exilio como los del Gobierno cubano.

Pero volviendo a la línea que hemos propuesto aquí para Europa
como factor de diálogo, se trata de una estrategia que como vimos al
principio con el caso de la liberación del poeta Raúl Rivero, y a pesar
de los pesares, aún puede dar resultados concretos. El ejemplo vivo
del modo en que debe actuarse en Europa con respecto a Cuba para
fomentar el diálogo oficialismo-oposición, lo ha dado los diputados
socialistas que en representación de 10 países (entre ellos Italia,
Hungría, Gran Bretaña, España y Francia) conforman el grupo de
solidaridad con Cuba del Parlamento Europeo. Es cierto que fueron
sólidos partidarios del levantamiento de las sanciones diplomáticas

---

[7] *Seamos honestos* [http://www.gentiuno.com/ articulo.asp?articulo=2150]. Sobre
la no participación de Arco Progresista en la Asamblea puede leerse "El Arco
Progresista no participará en el Congreso opositor de mayo" [http://www.cubaen-
cuentro.com]. En cuanto a la declaración de ruptura del PSD con la Asamblea Para
Promover la Sociedad Civil [www.asambleasociedadcivilcuba.info], recomendamos leer en *Cuba Nuestra*, de Roberto Santana Rodríguez, "Partido de orientación
liberal se aleja de la Asamblea para Promover la Sociedad Civil"
[http://www.cubanuestra.nu/web/ article.asp?artID=2467].

impuestas a La Habana en el 2003 y cuyo reblandecimiento en enero de 2005 tan mal ha caído entre los exiliados de línea dura. Pero también, es una verdad poco comentada que estos eurodiputados han exigido al Gobierno de Cuba la liberación de los presos políticos cuyas detenciones y juicios también criticaron en su momento. Presidida por el español Miguel Angel Martínez, una delegación del grupo visitó la Isla caribeña en coincidencia con el viaje a la Isla del comisario europeo de Desarrollo de la UE, el belga Louis Michel. Los Eurodiputados hicieron lo que tenían que hacer, se reunieron tanto con opositores como Oswaldo Payá, Eloy Gutiérrez-Menoyo y Manuel Cuesta Morúa (legitimándoles ante el mundo una vez más) y se encontraron por otro lado con figuras del Gobierno como el canciller Felipe Pérez Roque. Los parlamentarios socialistas le reiteraron al Gobierno cubano que los opositores (entre los cuales muchos critican el embargo norteamericano) no constituyen ninguna amenaza y platearon no solo la necesidad de la liberación, sino incluso la creación de espacios políticos donde puedan participar los sectores que disienten del poder[8].

No se trata aquí pues de venir a presionar al Gobierno de Cuba, con amenazas económicas o militares, sino todo lo contrario, se trata de solicitarle los más elementales derechos para los cubanos, después de un acto de fe como ha sido la lucha contra las sanciones, una fe que por supuesto ya no es ciega, como en los tiempos del socialdemócrata sueco Olof Palme, sino que demanda reciprocidades, con una fuerza moral que no tendrían, por ejemplo, los senadores norteamericanos que defienden el embargo. Ante esto al Gobierno de Fidel Castro no le queda mas remedio que hacer concesiones que fortalezcan la sociedad civil como factor del diálogo, o aislarse por si mismo de Europa —una responsabilidad moral ante la cual los políticos europeos podrán lavarse las manos— y aún más del pueblo cubano, para entregarse de lleno sus nuevos y dudosos salvadores, la

---

[8] Ver nota de Reuters fechada en La Habana " Eurodiputados abogan por excarcelación de opositores en Cuba" http://latino.msn.com/noticias/latinoamerica/cuba/reuters/article7.armx.

[9] Ver Cuba entre China y Venezuela El presidente cubano Fidel Castro dijo que "el Estado renace de nuevo como ave fénix" gracias a las relaciones comerciales de su país con China y Venezuela. [http://news.bbc.co.uk/hi/spanish/latin_america/newsid_4260000/4260831.stm].

China totalitaria y de la Venezuela Bolivariana. Por el momento tal parece ser opción de Castro, quien en un congreso de economistas reunidos en La Habana en principios de febrero de 2005 definió a estas naciones como los actuales motores económicos de Cuba[9]. Pero aún así trabajar por el diálogo en la Isla seguirá siendo un imperativo del pueblo cubano y de sus amigos en Europa y el resto del mundo.

1.6. EL DIÁLOGO SE HACE "CONSENSO", LA PIEZA QUE NOS FALTABA

No siendo el movimiento democrático cubano, tanto en la Isla como en el exterior, un organismo unicelular sino que está conformado por una amalgama de organizaciones políticas, sociales, laborales, culturales, intelectuales, religiosas y de derechos humanos, cada una con su propia cosmovisión e ideología, es necesario, como paso previo a cualquier diálogo con el Gobierno, lograr la conciliación, por lo menos, de aquellos de grupos que apuesten, por una cambio pacifico.

Frente a la administración de Fidel Castro ha de situarse una contraparte, lo más representativa posible dentro del movimiento democrático, que esté dispuesta a ofrecer una política coherente, con garantías, tanto a quienes detentan el poder, como a quienes se les someten hoy en Cuba. El pueblo de la Isla debe saber que el abandono del actual modelo sociopolítico no conducirá, a una nueva dictadura, al empeoramiento de la situación económica o a la revancha despiadada contra aquellos que voluntaria o involuntariamente sirvieron al viejo régimen. Ya son muchos los cubanos que esperan —y no de su actual gobernación— el establecimiento de un estado de derecho, que tenga por ley fundamental aquella donde se reconozca y proteja la total independencia de la nación, la soberanía popular y el respeto por igual de todos los derechos humanos (políticos, económicos y sociales), que no haya espacio para discriminación ni intolerancia, ya fuere por razones de raza, género, ideas políticas o procedencia social. Es sobre esta base que el bloque democrático ganaría el reconocimiento nacional e internacional, y con ello la legitimidad que le permita hacer de alternativa al actual régimen. Afortunadamente ya se ha dado el paso más importante para la construcción, dentro del movimiento democrático y partiendo de los términos anteriormente expuestos, de una coalición, en la que encontramos la pieza que faltaba en el juego del diálogo.

El 17 de abril de 2005, Lorenzo González Moya, responsable de la página de Internet de la Coordinadora Socialdemócrata de Cuba hacía llegar a la redacción de *Cuba Nuestra* en Estocolmo un documento histórico: "Pilares para un Consenso Cubano"[10]. Según información posterior ofrecida por el propio Moya el documento fue presentado oficialmente en Miami el 18 de abril a las 2.00 de la tarde, siendo divulgado ese mismo día, entre otros medios en el noticiero del *Canal 41*, así como en los canales televisivos *23, 41* y *51*. El 19 de abril darían la noticia las emisoras *Radio Mambi, WQBA la Cubanísima* y *La Poderosa*, también aparecería en los periódicos *El Nuevo Herald, Diario Las Américas*, así como en las páginas de Internet de *Encuentro en la Red*, de la Coordinadora Socialdemócrata, Presslingua, Consensocubano, La Unión Liberal Cubana, y el Partido Democristiano de Cuba. Desde el poblado de Güines Leonardo Calvo, redactor de la revista homónima *Consenso*, dio testimonio de que el documento había sido conocido en Cuba gracias a estas transmisiones y publicaciones. Es la evidencia de que acababa de constituirse una alianza entre los sectores de la oposición cubana que creen en una Cuba posible, en la que haciéndose uso del capital humano del pueblo se alcance un desarrollo sostenido los sectores más vulnerables de la sociedad: "Será una economía libre y a la vez orientada a la protección y fomento de la plena justicia social, donde todos los cubanos encuentren igualdad de oportunidades para labrar su futuro, basados en su trabajo, conocimientos y desempeño".

Se trata de una nueva plataforma, en al que se coligan organizaciones que actúan tanto dentro de Cuba, como en la diáspora y que cimientan su acuerdo sobre 18 pilares. El documento, significa un paso de madurez dentro del movimiento democrático cubano y el indicio de la concienciación social que van teniendo los sectores más

---

[10] Ver el documento en http://www.consensocubano.org/.

conservadores y liberales de dicha oposición. Para comprobarlo basta leer este documento en el que se defienden entre otros postulados los siguientes:

Llamamiento a todos los cubanos a evitar derramamientos de sangre y actos de violencia en general, particularmente aquéllos dirigidos contra la población indefensa.

Compromiso con la promoción de una transición no violenta y pactada hacia la democracia que le devuelva la soberanía y los derechos al pueblo cubano.

La eliminación de la pena de muerte, el ajuste de los códigos penales, civiles y laborales a las normas y principios estipulados en la Carta Internacional de los Derechos Humanos y por la Organización Internacional del Trabajo.

Una amnistía general para todos los delitos o crímenes políticos, dentro del marco de los límites establecidos por el derecho internacional vigente, y basada en un proceso que conduzca al establecimiento de la verdad y la preservación de la memoria histórica. Igualdad de derechos y deberes para todos los cubanos.

Reformas que promuevan una economía productiva enmarcada en la justicia social.

Reconocimiento del papel profesional y apolítico de las Fuerzas Armadas como garantes de la soberanía y la seguridad nacional, subordinadas a la voluntad de todo el pueblo expresada en instituciones democráticamente elegidas.

Rechazo de la discriminación e intolerancia por razón de raza, género, orientación sexual, credo, ideas, incapacidad, opiniones políticas, y origen nacional.

Abogacía por el derecho de todos los cubanos a trabajar por cuenta propia y constituir sus propias empresas.

Reconocimiento inequívoco, libre de las actuales restricciones, del derecho a la plena propiedad de las viviendas familiares y pequeñas propiedades agropecuarias a favor de las familias que las ocupan hoy de modo tal que esas familias no puedan temer desalojos, querellas o nuevos recargos de parte de los anteriores propietarios, quienes por su lado podrán reclamar compensación del estado.

Dar prioridad al acceso universal a la educación y al cuidado de la salud y mejorar la calidad de esos servicios.

Solicitud de la solidaridad internacional con el pueblo cubano en su lucha no violenta por sus derechos.

Apoyo del derecho de los cubanos a la información, contactos y recursos necesarios para nutrir una sociedad civil independiente, que participe de manera, plural y pacífica, en la política nacional así como la defensa de libertad de expresión y el debate libre y civilizado de las ideas.

Estas tesis demuestran la apertura y no enemistad de este "Consenso" frente a otras alternativas que se generen dentro del la oposición: el apoyo a todos los cubanos que anhelen y procuren el cambio no violento en Cuba.

Leonardo Calvo.

El documento cuenta con la firma de representantes, en primer lugar de los partidos que, con propósitos muy similares conformaron en los años noventa La Plataforma Democrática, es decir, la Coordinadora Social Demócrata, el Partido Demócrata Cristiano de Cuba y La Unión Liberal Cubana. Además cuenta con el respaldo de instituciones académicas y culturales. Como las Bibliotecas Independientes de Cuba, el Instituto de Estudios Cubanos y el Instituto Jacques Maritain. Otras organizaciones que subscriben estos pilares para el diálogo y la transición pacifica son Acción Democrática Cubana, Agenda Cuba Christian Commitment

Foundation, Comité Cubano Pro Derechos Humanos, Confederación Campesina de Cuba, Cuba Study Group, la hoy irreconocible, para bien, Fundación Nacional Cubano Americana, el Grupo por la Responsabilidad Social Corporativa en Cuba, Hermanos al Rescate y Movimiento Democracia. Entre las organizaciones que aparecen como observadoras están Arco Progresista, Movimiento Cristiano de Liberación, Solidaridad de Trabajadores Cubanos y Todos Unidos.

Con este "Consenso" se nos cierra el cuadro del diálogo, tenemos lo que nos faltaba, un sector importante de la oposición, responsable y maduro, dispuesto a salvar los pocos logros sociales que le quedan a lo que fue una "revolución", que no sometería la Isla a ninguna otra voluntad que la de su pueblo y que apuesta por la transición pactada y pacífica hacia la democracia. Le toca pues al Gobierno mover fichas y a la comunidad internacional, sobretodo a quienes se llaman "amigos del pueblo cubano" apoyar sin reparos el diálogo con los opositores conciliados bajo el Consenso aquí mencionado.

CAPÍTULO II

ESCUCHA IZQUIERDA:
LA SALIDA NO ES POR AHÍ[11]

Te he conocido, izquierda, de muchas maneras. Te conocí (y creí en ti) casi desde niño, en el adoctrinamiento escolar, en el monopolio de los medios de comunicación (incluidos los libros de cuentos infantiles). Te conocí ejerciendo un poder dictatorial, en Cuba, Unión Soviética y Angola. Te conocí en la oposición, y en el poder democrático en Suecia. Te vi por el canal internacional de la Televisión Española, donde con tanta alegría participaste y perdiste en las elecciones de 1996. También te seguí en las elecciones del mismo año en Rusia. Perdiste en buena ley en tu propia patria. Ni los errores de Yeltsin, ni el cambio traumático hacia la economía de mercado, ni el destape de los conflictos étnicos (reprimidos por tantos años a fuerza de totalitarismo), fueron capaces de reactivar el pionero interno, el *konsomol* que todo ciudadano de la joven república rusa debe llevar dormido en su corazón tras más de 70 años de propaganda soviética. Parece que con democracia y libertad, la programación social leninista no funciona.

---

[11]Este artículo fue transmitido en Estocolmo por *Radio Sur*, el 26 de julio de 1996, lo que causó a la vez grandes problemas con su audiencia, casi en su totalidad simpatizantes de la dictadura de Castro.

Pero reconozco, fuiste en esos casos y a diferencia de lo que eres en mi patria, democrática y políticamente correcta. Como lo eras antes del golpe de Estado de 1917 en San Petersburgo, ese al que tantos libros apologéticos han dedicado bajo el eufemístico nombre de la Revolución de Octubre.

Te he visto en el exilio, o mejor dicho en el postexilio que vive la izquierda latinoamericana en Suecia. Atenta a cada palabra, a cada señal de la embajada que incuba una nueva religión, una nueva fe, esa que tiene por Mesías al "incorruptible revolucionario", nunca tirano, nunca dictador Fidel Castro. Te he visto decir que amas al pueblo de Cuba, y dejarlo en la estacada, silenciando su opresión, abandonándolo cuando sus cimarrones del siglo XX llegaban como podían a tierra extranjera pidiendo refugio, pidiendo un asilo que se les negó. Los dejaste solos en su lucha, como solos quedaron los cubanos cuando se batieron contra España en el siglo XIX. Ningún pueblo "hermano" de América Latina acudió en su ayuda. Ni entonces ni ahora.

Tú me volviste en contra tuya, no en contra de las bases sanas, que creen en tus ideales, pero sí en contra de esas direcciones partidistas, que, estando al tanto, callaron todo lo que ocurría tras el muro de Berlín, como hoy callan lo que ocurrió tras el malecón habanero. Esas "damas" capaces de sacrificar cualquier pretendiente, no por la revolución y el socialismo, sino por mantener viva una nueva iglesia, la roja. Creía que Cuba era un error, una traición a ti misma, un desconocimiento de las "sagradas" verdades del marxismo. Para mejorar el socialismo de mi país marché a conocer la experiencia soviética. En la Universidad de Moscú descubrí las raíces del daño. Cierto es que entonces, para un cubano, vivir en el "Socialismo Desarrollado" era una gran fortuna, me sentía libre como puede sentirse un canario escapado de su jaula dentro de la celda de un prisionero humano. Aquel futuro al que se nos conducía se "desmerengó" (frase preferida de nuestro Comandante). No por maniobras de la CIA sino porque sus supuestos beneficiarios, "los trabajadores", lo echaron abajo a la primera oportunidad. No hubo movilización en su defensa, a lo sumo apatía. Pensé que en la socialdemocracia estaba la verdad. Estudié con atención su versión sueca, pero la vi comportarse cruelmente con mis compatriotas llegados a Suecia en busca de libertad. Comprendí que la élite de ese partido, que tanto crédito había dado a Castro, no podía aceptar la presencia en este país nórdico de quienes mañana, en su propia lengua, darían testimonio de lo que se hizo con aquella "ayuda para el desarrollo": guerras, locos experimentos sociales y sistemas inéditos de sometimiento colectivo.

He visto también a la socialdemocracia española en contubernio con la tiranía que persigue y acosa a los líderes de la corriente socialista democrática en Cuba. ¿A donde fue a parar la acertada condena que hiciera el primogénito teórico de Marx, Carlos Kautsky a Lenin? ¿Por qué se olvidaron sus señalamientos a los excesos antidemocráticos cometidos por los bolcheviques, inspiradores del jacobinismo castrista?

Descubrí que la supuesta "radicalidad" de la Revolución Cubana, sirve de moneda de cambio a los socialistas vergonzantes, esos que al son de la "Internacional" aplican políticas liberales al no encontrar otro remedio para echar una economía hacia adelante. El contraste en Suecia es enorme cuando Gudrun Schyman, la presidenta del Partido de Izquierda Sueco (devenido del antiguo Partido Comunista) tiene el coraje político de criticar, no sólo al embargo de Estados Unidos, sino también la falta de democracia y de respeto a los derechos humanos que caracteriza a la dictadura más vieja de América. Schyman ha caído en desgracia ante gran parte de la colonia latinoamericana en Suecia, sin embargo, con su carta al Partido Comunista de Cuba, ha hecho más por la honra de los ideales izquierdistas que mil manifestaciones de respaldo a Fidel Castro ante la embajada cubana. Ella no ha renunciado a su ideología socialista, simplemente se ha comportado como una demócrata, algo imperdonable ante los ojos de estalinistas vocacionales.

Con la izquierda latinoamericana sufrí un gran desencanto, apenas llegué a Estocolmo hace algunos años. En Cuba, ingenuo de mí, había confiado en ella como en una colectividad de verdaderos revolucionarios, los que liberarían a sus pueblos sin cometer los errores de sus predecesores cubanos, de los idealistas que murieron por la democracia o por el socialismo mientras que un caudillo les

usaba de pedestal. Tenía la idea que la práctica política de Castro era
una traición a los muertos y torturados durante las luchas antidicta-
toriales, y que los izquierdistas latinoamericanos, tan conocedores y
críticos de las democracias y dictaduras del continente como parecen, descubrirían en el régimen cubano a un gobierno autoritario
como los que ellos mismos habían sufrido. Admiraba ciegamente la
vía chilena de socialismo hasta que descubrí la fascinación que sen-
tían algunos de sus protagonistas por el tirano Castro. Me pregunté
que habría pasado si en lugar de la derecha hubiese sido la extrema
izquierda la que hubiese dado un golpe de Estado a Salvador
Allende, al presidente democrático que los más recalcitrantes castristas chilenos acusaban de "socialreformista". Estoy seguro que
aquellos que, dentro de la colonia chilena en Suecia, idolatran a
Fidel habrían aplaudido esa eventual dictadura, aunque estuviese
inspirada en un modelo que ha hundido a Cuba en el plano político,
económico y moral. Nunca justificaré a Pinochet, pero me apenan
aquellas de sus víctimas que justifican a Castro.

Antes de percatarme del bochornoso comportamiento con respecto a Cuba que tienen ciertos "revolucionarios" latinoamericanos,
había pensado, por la gran cultura política que les atribuía, que serían los primeros aliados de mi pueblo, al que le abrirían los ojos,
explicándole que el socialismo por el que luchaban nada tenía que
ver con lo que imperaba en la Isla tropical. Me equivoqué, bastó leer
sus diarios, escuchar sus radios, asistir a sus actividades "solidarias"
para comprender cuánta ceguera, cuánto dogmatismo y cuánta com-
plicidad con el totalitarismo cubano encerraban sus discursos. Los vi
comportase como fanáticos medievales en defensa de su
"Comandante". Quejarse de que los racistas en Suecia les llaman des-
pectivamente "cabezas negras" y no mostrar el menor escrúpulo a la
hora de llamar "gusanos" a las víctimas de su ídolo, aunque fuesen
niños, mujeres o ancianos. Pero lo más terrible no es la injuria, que
por baja denigra más a quien la lanza que a quien la recibe. Lo realmente triste es el modo en que algunos "progresistas" se han aprove-
chado de las calamidades de Cuba para explotar y prostituir a su
juventud. Pero hay más, hubo quien cayó en la infamia de los trai-
dores, como aquel engendro orweliano (para que manchar este texto

diciendo su nombre), que entregó un grupo de familias cubanas que intentaban escapar con pasaportes falsos a las autoridades del aeropuerto de Arlanda (Suecia). ¡Gloria al "internacionalismo proletario"! Aquellos infelices fueron a parar a los tribunales suecos por obra y gracia de un vil delator.

Para sostenimiento y buena fama de Castro, las organizaciones latinoamericanas de izquierda en Suecia se pasan el tiempo recaudando dinero (cuando en sus pueblos hay tanta pobreza). Ahora están empeñadas en echar a andar una fábrica de alimentos para escolares en Alamar. La misión parecería loable si no nos preguntásemos: ¿cómo es posible que el Gobierno de Cuba no cuente con el financiamiento necesario para alimentar a nuestros niños, dejando sus boquitas a expensas de la caridad internacional, mientras que asegura las municiones y el combustible para aviones de guerra asesinos, como los que abatieron, el 24 de febrero de 1996, en aguas internacionales, a las avionetas civiles de Hermanos al Rescate? Tal vez los sesudos asesores de Castro le hayan sugerido la fórmula "mágica y rentable" para resolver el problema: ahogar infantes, como las víctimas del remolcador "13 de Marzo".

Con su supuesta solidaridad, organizaciones sueco-latino-castristas intentan confundir a la opinión pública. Es necesario, dirán entre sí sus "dirigentes", que el mundo no se preocupe por la disidencia cubana, ni por los cientos de presos políticos, mejor que piense que los males fundamentales de Cuba proceden del asedio norteamericano. En resumen, una buena parte de la izquierda latinoamericana residente en Suecia, ha usado y vendido al pueblo cubano, al de carne y hueso. Es solidaria solamente con el de papel, con el que vive en las páginas de los miles de libros y folletos propagandísticos distribuidos por La Habana en toda América. ¡Ay de ti izquierda exiliada en Suecia! ¡Ay de tu conciencia el día que una democracia se abra paso en Cuba y sean del dominio público los documentos de la Embajada Cubana en Estocolmo! ¿Cuántos nombres manchados con prebendas serán sacados a la luz? ¿Cuántos de tus líderes actuales serán sus dueños? ¿No te das cuenta de que el pueblo cubano no necesita de bicicletas viejas, ni de ninguna otra limosna como las que recaudaste en la "Copa Cuba 95", sino de libertad para andar con

sus propias piernas? ¿No te percatas de que el peor bloqueo es el que
se le impone a la creatividad, la iniciativa y la laboriosidad del cubano, por un dictador que lleva más años gobernando que los que tenía
Jesús al morir? ¿No te preguntas cuántos niños de Cuba tendrán que
dejar de desayunar para que el embajador pueda cumplir su prome-
sa de invitar a la Reina de la Belleza de la "Copa Cuba 96", con todos
los gastos pagados durante cinco días y seis noches en los mejores
hoteles de La Habana y Varadero? ¿No crees que llegó la hora de
cuestionar a quienes te manipulan tan "festivamente"?

Si quieres ayudar a los de mi tierra, ve allí, pero no te alojes en un
hotel español, hospédate en la casa de un humilde cubano, gánate su
confianza, pídele que te cuente cómo vive y cómo piensa, y dile tú que
el mundo no es necesariamente el infierno en que él vive. Yo sé, porque los conozco, que en la izquierda hay hombres y mujeres honestos,
libres de la férrea disciplina partidista cuando ésta ordena la inconsecuencia. En casa de esas personas encontraron albergue fugitivos de mi
patria. A esos verdaderos utópicos, no querría jamás matarle sus sue-
ños de una sociedad justa, de un reino de igualdad, colaboración y
libertad, donde el hombre no sea lobo del hombre. Pero a ellos, por su
honestidad debo decirles lo que ya muchos sospechan, la salida no está
en Cuba, antes encontraréis materializada vuestra ilusión en una estrella que en aquella hermosa y entristecida Isla caribeña. Más ganará
vuestra doctrina denunciando lo que allí pasa, que convirtiéndose en
cómplice del castrismo, del régimen que hace de los cubanos mártires
de una causa por la que ya no sienten nada, cristos sacrificados para salvar el honor perdido en la Europa Oriental. El socialismo se reivindi-
cará ante los ojos del pueblo de Cuba cuando defienda sus derechos
humanos y cuando considere a sus hijos como algo más que hilos de
una bandera raída.

CAPÍTULO III

HERMENÉUTICA DEL ÚLTIMO CONGRESO DEL PARTIDO COMUNISTA DE CUBA

3.1. DIME CON QUIEN ANDAS...

No es necesario ser un especialista en semiótica para descubrir que tanto los discursos verbales, como la puesta en escena del V Congreso del Partido Comunista de Cuba (iniciado el 8 de octubre de 1997[12]) apuntaron a un solo significado: el totalitarismo debe continuar. Se cambió lo imprescindible para que la vida siga igual. «Dime con quien andas y te diré quien eres». ¿Se quiere un índice más preocupante que el hecho de que el Congreso acepte el saludo de los introvertidos camaradas de Corea del Norte? Esos cuyos niños famélicos recorren el mundo en las imágenes de los periódicos, mientras mantiene intacta la infraestructura de armas atómicas. El Comité Central del Partido del Trabajo de Corea envió su carta laudatoria a los colegas de Cuba. Se firmó en Pyongyang, el 7 de octu-

---

[12] Ver en Internet nota sobre la inaguración de este congreso publicada por *Radio Habana*: http://www.radiohc.org/Distributions/ Radio_Havana_Espanol/ .1997/97_oct/rhc-esp-10.08.97.

bre de 1986, de Juche (1997). Este «cálido saludo camaraderil» hace un flaco favor a quienes gobiernan en La Habana. Se sabe que nada bueno merece los elogios del régimen de Corea del Norte, bastión jurásico de estalinismo químicamente puro. La evidencia es clara, Cuba y Corea del Norte comparten el mismo concepto de «socialismo», entiéndase, pues, una sociedad militarmente jerárquica, elitista, represiva y caracterizada por el culto mentalmente castrante a la personalidad del Máximo Líder[13].

Quicén lo dudaría después de leer ese documento «histórico» en el que se afirma: "Hoy, el heroico pueblo cubano bajo la acertada dirección del Partido Comunista de Cuba, encabezado por el estimado camarada Fidel Castro Ruz, levantando en alto la consigna de «Socialismo o Muerte, Venceremos», cumple exitosamente las tareas del período especial [...]. Mientras haya la probada dirección del Partido Comunista de Cuba, destacamento de vanguardia de la Revolución Cubana, sólo habrá victorias y glorias en el camino del pueblo cubano que avanza enarbolando en alto la bandera de la lucha antiimperialista y del socialismo". En pocas palabras: «Dios los cría y el diablo los junta».

La voz de los «difuntos». Tan importante como tomar en cuenta quienes son los vivos que participan en este congreso, es también «escuchar» qué nos dirían los muertos aquí presentes. Nos referimos a esas figuras políticas inconsultas cuyos iconos ilustran las sesiones del evento comunista: Martí, Mella, Lenin y Guevara. Los signos del eclecticismo, la irracionalidad y el oportunismo ideológico que caracteriza al liderazgo del PCC. No hay manera de acoplar los conceptos y prácticas de aquellos difuntos sin sesgar u ocultar sus esencias. Así, y sólo así, podría integrárseles en una misma bandera para legitimar al sistema político que domina en Cuba.

---

[13] Según Rafael Poch de Feliu, en su artículo "En el estado eremita de Asia (I)", en *La Vanguardia*, España, junio del 2005 [http://www.lainsignia.org/2005/junio/int_025.htm] el "calendario juche" fue establecido precisamente en 1997, con motivo del tercer aniversario de la muerte de Kim il Sung. Tiene como punto de partida el "Día del Sol", es decir, el 15 de abril de 1912, fecha del nacimiento del dictador. De acuerdo a esta nota, a Kim il Sung se le define en el prefacio de la constitución norcoreana como *el sol de la nación y la estrella polar de la reunificación de la patria*.

Veamos caso por caso, donde están las trampas que oculta una Revolución en pos de ideología. «José Martí» recomienda el «How to», del buen «ideólogo» (en el sentido napoleónico) echar mano a algún héroe de una conexión con la historia (los contactos siempre ayudan). ¿Quién mejor en Cuba para tales menesteres que José Martí?. Es el hombre canonizado como político honesto por la escuela de la república, la misma que Batista y Castro destruyeron en su «mano a mano» antidemocrático.

Martí ha sido utilizado por Castro para justificar las más locas de sus acciones políticas, igual en los tiempos de militancia en el anti-comunista Partido Ortodoxo que en los de la dirigencia del muy pro-soviético PCC. De hecho, el único elemento que Castro parece haber asimilado de la prédica martiana es el de la utilización de la guerra como medio para alcanzar fines políticos.

A partir de ahí la contraposición es absoluta. Martí abogaba hace un siglo por el establecimiento en Cuba de un sistema político liberal como el que terminó barriendo con los sistemas totalitarios en Europa. Fidel Castro, una vez alcanzado el poder simulando la defensa de de la propuesta martiana, se pronunció por una «Revolución Socialista» que de hecho sería la «soviética». Fue en abril de 1961, cuando cualquiera en Cuba con un mínimo de cultura política (y Castro no era un ignorante en este aspecto), conocía que en la URSS imperaba un sistema totalmente ineficiente en el sentido económico, represivo en el plano político y esencialmente inhumano en el aspecto moral.

Martí, a diferencia de su «alumno» Fidel, alcanzó a comprender lo que significaría para una sociedad la materialización del célebre *Manifiesto Comunista* de Karl Marx, ese otro icono invitado a la «fiesta» como en los buenos tiempos del PCUS (que en paz descansen los dos).

Muy incómodo se habrá sentido Martí, colocado en el mismo «palco» del melenudo alemán, sin nada en común de que hablar. El cubano fue de los políticos que en el siglo pasado, sin necesidad de experimentar la tragedia del auto denominado «socialismo real», alertaron sobre la amenaza de aquella nueva forma de esclavitud.

Nadie rompió la unanimidad en este congreso «de Martí», evocando
la convicción del fundador del Partido Revolucionario Cubano de
que la casta burocrática no debía someter a la sociedad (como se
hace hoy en Cuba), pues entonces «de ser siervo de si mismo, pasaría el hombre a ser siervo del Estado»[14].

Por otra parte, el concepto de soberanía nacional de Martí nada
tiene que ver con el que machaca en su propaganda perpetua el régimen cubano. Martí luchó contra el poder de España desde Estados
Unidos, conspirando y recaudando fondos. No por ello se sintió en
el deber de colocar a su Isla bajo la órbita norteamericana. Fue un
patriota consecuente. El nacionalismo de Fidel, por el contrario, es
discriminativo. Martí quería una Cuba para los cubanos. No se trataba de un cambio de amos, ni de establecer una economía depen-
diente de una nueva metrópolis. Lo contrario de lo que hizo Castro
cuando colocó su país al servicio de la URSS, cuando incluyó el
nombre de esa nación extraña en el prólogo de su «Constitución
Socialista», cuando importó incosteables asesores eurorientales con
la tarea de extranjerizar nuestra economía y nuestra cultura, como si
fuéramos la «República Soviética» número 16.

Todo habría seguido así de no ser por la *Perestroika*, ¡Aleluya!.
Hasta aquí llegó la imitación forzada. Castro tuvo el tupé de criticar
el calco como culpa de otros (¿acaso de su hermano?, quien sustitu-
yó en los militares cubanos no sólo el uniforme sino también, el
¡Viva!, canjeándolo por un exótico y eslavo «¡hurra!»).
Sorpresivamente la URSS «cambió la señal». Seguir su camino habría
implicado una apertura democrática. Sólo entonces y con dolor en
el alma, al ver que los soviéticos «se quedaban sin historia» (relata-
ban la verdadera) declaró Castro su «independencia».

A falta de una burocracia a la que servir, como aquella defenes-
trada en la madrecita Rusia, el Comandante buscó nuevos aliados. A
los chinos (de los que habló tan mal cuando se pelearon con Moscú,
con Ciudad Ho Chi Minh —antigua Saigón—, y con Luanda), al
parecer, Castro no les interesó mucho, estaban más preocupados en

---

14 José Martí, «Herbert Spencer», en «Mis Propias Palabras». Editado por el
Instituto Republicano Internacional, Santo Domingo, 1995, pag. 86-91.

mantener su «estabilidad política» y los favores del comercio con «el tigre de papel» (descubrieron que era de moneda fuerte). No se conmovieron ni cuando Castro aplaudió la represión estudiantil del 89. Pero bien, si algo no le ha faltado nunca al régimen cubano, a pesar de los «bloqueos» que se inventa, es una mano «oportuna» en el peor de los momentos. Castro olfateó a tiempo la salvación, que estaba entre los mismos cuya presencia en Cuba había BLOQUEADO conscientemente cuando la URSS le subsidiaba su ineficiente economía. Se trataban de los capitalistas cansados de obreros levantiscos en América Latina y de sindicatos poderosos en Europa, de empresarios en pos de un lugar donde invertir sin competencia norteamericana o nacional. Ese «paraíso» era Cuba. La publicidad fue garantizada por la mano izquierda de Castro, que no sabe (u olvida) lo que hace su derecha. El astuto comandante no encontró mayores dificultades para heredar y hacerse servir por la red de organizaciones «megáfonos» originalmente financiadas por el PCUS, quienes, huérfanas de la noche a la mañana, encontraron en Fidel un papá que las adoptara y les ofreciera un sentido para seguir viviendo (o del que seguir viviendo). Estos grupos «solidarios» tienen hoy en La Habana su Meca asegurada. A cambio deben crear en todo el mundo un estado de opinión favorable al régimen de Cuba, demostrar lo humano y progresista que resulta invertir en la Isla, y «como el que no quiere la cosa», apoyar, si es necesario hasta con palos, la guerra santa del profeta tropical contra sus «infieles», o sea contra los cubanos en la Isla o en el exilio, que demandan lo mismo que un Martí redivivo. Por supuesto, no se les llama «apóstoles» sino, con totalitario encono, «Gusanos». Parece una ingerencia en asuntos internos de un país...¡y lo es! «¡Da sdrastvuytie sotsialistisheskaia rievaliutsia!».

Pasemos al icono de Lenin. De este señor pocas cosas malas se pudo decir que luego no confirmara el mundo tras el desempolvamiento público de los archivos de la KGB. Los cubanos, sin embargo, deben «por ley» seguir las pautas que les marca la última dictadura leninista en occidente. Al mismo tiempo, para que no tengan idea de hacia donde les conducen, se les prohíbe el acceso a toda información verídica sobre la historia de los bolcheviques en el poder.

No importa, a falta de «información» académica o periodística, los cubanos cuentan con una experiencia vital cuyos argumentos resultan demoledores. La prueba viva del antimarxismo-leninismo instintivo del cubano de carne y hueso (cada vez menos carne) esta en la atención que presta a los textos clásicos y a los manuales de «socialismo científico». En las calles de La Habana se pudren dichos mamotretos, sin que nadie los compre, colocados a los temblorosos pies de viejitos que sobreviven vendiendo libros usados.

¿Quién en Cuba, salvo a un hombre paralizado en la historia como «su Presidente», puede usar de modelo inspirador a Vladimir Ilich Lenin? ¿Qué ejemplo de patriotismo puede dar quien, financiado con ochenta millones de marcos oro del Káiser, derrocó mediante un golpe de Estado a la república democrática que acababa de sustituir al Zarismo en Rusia?[15].

En resumen: Lenin, el hombre que vendió la derrota de su país en la primera guerra mundial a cambio del poder, no es exactamente el paradigma de un patriota. Tampoco es este crío majadero de los Ulianov —que viró patas arriba a Rusia, estableciendo una tiranía peor que las de los zares sólo para vengar la muerte de su hermano mayor—, quien para ofrecernos la receta de como hacer eficiente al Estado y solucionar la tragedia económica cubana. Recordemos la hambruna que provocó casos de canibalismo en las desoladas estepas de Ucrania, (como también ocurrió en la China de Mao). El hambre bajo el poder de los soviets no se debió tanto a un «bloqueo» como a la injusta guerra declarada contra los agricultores medios y pequeños de Rusia por el «Primer Estado de Obreros y Campesinos del Mundo». Hay algo en lo que Castro es más «papista que el Papa». Por un lado teme el establecimiento de una «Nueva Política Económica», como la de Lenin cuando se convenció de que el «Comunismo de Guerra» daría al traste no sólo con los estómagos de Kulaks y Mujiks, sino también con el mismísimo «Poder Rojo» en persona. Por otra parte, nuestro Comandante aplica el concepto marxista de «dictadura del proletariado», a la Lenin, o sea, como dic-

---

[15] Salvador Díaz Versón, «Lenin» en Obra Periodística, Editorial SIBI, Miami, Estados Unidos, 1995, pag 357 -360.

tadura de su Partido sobre el proletariado. Eso sí, el compañero Fidel no se anda con los cuentos de la «enfermedad infantil dentro del comunismo» de permitir tendencias oposicionistas en el Partido a la línea del Comité Central. En este aspecto Castro, aunque se cuida de reconocerlo, es menos un discípulo de Lenin y más un aventajado aprendiz de aquel miembro secreto de la «Ojrana» (policía política del Zar) y bolchevique histórico, llamado José Vissarionovich Djugashvili, alias «Acero» (en ruso, «Stalin»).

3.2. LA ESTAMPA DE MELLA

Julio Antonio Mella, murió el 10 de enero de 1929 en Ciudad de México, donde se encontraba desterrado por Gerardo Machado. Allí, se dedicaba a publicar artículos en *El Machete*, periódico de los comunistas mexicanos, y a hacer el amor a una hermosa fotógrafa italiana, feminista como la que más. En Cuba, con sus discursos, Mella había estremecido al estudiantado de La Habana. Dudo que se imaginara al criticar la decrepitud de la Universidad cubana de los 20 que en los 90, ahora por involución, entonces por conservadurismo, que el centro docente seguiría siendo «una fábrica de profesionales con mentalidad de convento español». A Mella realmente no se le estudia en Cuba aunque se «cuelgue» por todas partes la foto que le tomara su amante, la liberada Tina Modotti.

Mella, importa para el esclerótico Partido Comunista porque fue un joven idealista atrapado por el exótico bolchevismo y porque contribuyó con su energía y talento a la creación de las primeras organizaciones encargadas de difundir la doctrina marxista-leninista en Cuba. Se acusa al Dictador Gerardo Machado por el asesinato de Mella, pero se calla en Cuba que nunca se han descartado del todo motivos pasionales, o peor aún, un ajuste de cuentas dentro de las propias filas comunistas, pues al parecer el Líder estudiantil transitaba «peligrosamente» hacia el trotskismo.

En todo caso, Mella es una figura carismática en la historia cubana a la que conviene sacar partido. Su carácter irreverente lo convirtió en ejemplo de la rebeldía estudiantil, de esa misma actitud liber-

taria aniquilada de una vez y para siempre con el fin de la autono-
mía universitaria decretada por Castro. Quizás a Mella, tomando en
cuenta su ignorancia de lo que realmente acontecía en Rusia, se le
pueda disculpar su bolchevismo ingenuo, lo que no es perdonable es
el uso de su figura por aquellos que aplastaron las conquistas estu-
diantiles por las que él luchó.

A finales de los 80, un grupo de estudiantes de la Facultad de
Física y Matemáticas de la Universidad de La Habana, inspirados en
los ideales de Julio Antonio Mella, intentó crear una organización
que llevaría su nombre, y fuese una alternativa a la sumisa
«Federación de Estudiantes Universitarios». La respuesta de las autoridades no se hizo esperar. Los muchachos fueron marginados del
estudio y entregados a la Seguridad del Estado. Es sencillamente lo
mismo que le sucedería al propio Mella si naciera de nuevo y repi-
tiera, sin cambiar una palabra, lo mismo que afirmara en la Cuba del
Machadato.

Si le devolviéramos la vida a Mella, en la plenitud de su juventud, con la indómita personalidad que tenía, pronto nos lo encontra-
ríamos ocupando un puesto en la cárcel junto a opositores socialistas democráticos, nunca aplaudiendo el largo discurso del
Comandante, adocenado, como un delegado más del V Congreso del
Partido que dice heredar sus ideales. «Hasta la Victoria Siempre»...
¿Pero de qué?. Fidel Castro se siente viejo, el poder desgasta políticamente hasta a un santo (y él no lo es). Necesita pues izar la bandera de una figura menos ajada por «la angustia y el tiempo», de una
que venda bien, y cual mejor que la de Ernesto Guevara, alias «El
Ché». Su imagen compite con la de la Coca-Cola. Se encuentra en
todos lados, hasta en las camisetas de los activistas de «China
Popular» en Hongkong, de los que festejaban la irresponsable entrega de esta posesión inglesa a los mandarines rojos. Promover hoy a
Guevara tiene para Castro una utilidad mayor que la de permearse
de las «virtudes morales» que se le atribuyen. Usa para ello un meca-
nismo publicitario que opera con igual eficiencia para un mártir de
la izquierda, como para una aristócrata como la Princesa Diana, o
una beata como la buena Madre Teresa.

«El Ché», si bien tiene elementos en su conducta e ideología totalmente extemporáneos, hasta para los inflexibles comunistas cubanos, posee en cambio algo que para Castro vale más que todo: el culto a su persona. Así quien desee ser un «guevarista pleno» — como le ocurre a muchos especímenes «progres» de las sociedades de consumo quienes ya no saben qué hacer con sus inútiles vidas— deberá por carambola admirar ciegamente a «Fidel», quizás dedicarle un poema calificándolo de «ardiente profeta de la aurora», encabezar una carta rogándole que no se arriesgue pues sobre él «descansan las ilusiones y esperanzas de las generaciones de ayer, hoy y mañana» o simplemente liquidar físicamente un cubano que se oponga a su política como hiciera más de una vez el argentino.

Guevara, es el santo y el mártir de la nueva religión, Castro es su representante en la Tierra. «Gracias a Dios» todavía sobre Guevara se escribe mucho, y por lo general de manera positiva. Por ejemplo en Suecia, no sólo en la prensa socialista sino incluso en la liberal, aparecen continuamente artículos que disputan a la izquierda la explotación del relato sobre un guerrillero idealista. Si se habla de Cuba no aparece la imagen de un independentista, se ilustra mejor con los carteles de Guevara en la plaza de la Revolución (realmente José Martí), y el letrero de su frase: «Hasta la Victoria siempre».

Ante esto uno reflexiona: ¿Sería Suecia lo que es con una victoria a lo «Che»? Pero bien, en este país nórdico muchos piensan que lo que es malo para los suecos puede ser bueno para los latinoamericanos. La nostalgia del Che sirve hasta para atraer empresarios a invertir en Cuba. Esos mismos que de haber nacido en la Isla, el Che habría expropiado y aplastado a taconazos (como recomendaba hacer a los «gusanos») en caso de chistar u ofrecer resistencia. El V Congreso del PCC, que más parece un sesión espiritista, quiere fortalecer el poder de Castro invocando, sobre la reliquia de los «aparecidos» huesos, el alma de Guevara. No es la primera vez que de manera tan acentuada se airea su espíritu.

Casi paralelamente a la *Perestroika*, Castro inició en 1986, cuando el III Congreso del Partido, lo que llamó, el proceso de «rectificación de errores y tendencias negativas». Algo que el humor popular calificó de «ratificación de errores». Era una campaña contra los que se

definió como «tecnócratas», «empresarios socialistas con disfraces
capitalistas». Se trataba de aplastar de un manotazo la tendencia
legitimada por los dos congresos anteriores de poner un poco de
orden en el habitual caos castrista. Cayeron en desgracia los sectores administrativos que intentaron cumplir su misión estimulando al
obrero con salarios decorosos, tomando en cuenta la ley del valor y
permitiendo un mínimo juego de las relaciones monetario mercan-
tiles, tanto entre las empresas del Estado como entre las cooperati-
vas y en el trabajo por cuenta propia.

Todo aquello fue paralizado de un plumazo por un Castro que
temió ver reducirse el poder absoluto del Partido sobre la economía,
en función de los que buscaban lograr cierta eficiencia y competiti-
vidad. Humberto Pérez, responsable de la aplicación del llamado
«cálculo económico», fue colocado en la picota pública, por supuesto sin derecho a la defensa. Sus manuales de «Economía Política del
Socialismo» (una adaptación a la Cuba de los soviéticos) desaparecie-
ron de los programas de estudios. En general fueron anatemizados
los especialistas formados por el propio gobierno en los países socialistas y comenzó entonces a hablarse de los «gusanos rojos». Fue el
momento en que reapareció el «caballero sin miedo y sin tacha» Don
Guevara de la Pampa, convirtiéndose ahora en además de médico y
estratega guerrillero, en el decano oficial *postmortem* de los economistas y también de los moralistas cubanos. De paso se dejaron escapar, en inútil retorno a los años locos de los sesentas, alguna que
otras críticas del marxista ortodoxo de Guevara a la ortodoxia soviética. Impoluto de «capitalismo», Guevara, con la radicalidad de los
nuevos conversos, había criticado la introducción de elementos de
economía de mercado en las anquilosadas e ineficientes economías
de los países de Europa Oriental.

La difusión de estas diferencias olvidadas durante años se incre-
mentaba en la medida que La Habana, se apartaba horrorizada de
Moscú (sobre todo del semanario Novedades de Moscú) por las reve-
laciones que hacía al mundo sobre los crímenes del estalinismo y las
aberraciones del inmovilismo post-totalitario. «Y paso el tiempo, y
pasó un águila sobre el mar»...

A pesar de las rumores en la Habana de que Gorbachov era un agente de la CIA, colocado en la cúspide de la Nomenclatura para traicionar al socialismo, el *Gorby* siguió defendiendo públicamente el derecho de Cuba a tomar su camino (más bien a detenerse en el camino). La Habana no recibió desde Moscú otra presión que llamados a la eficiencia económica (de la que tanto se habla en este Congreso) y alertas de que sería necesaria una equidad en el intercambio comercial, «la casa estaba en llamas» (URSS) y no podía resolverle los problemas financieros al establo (la casa del «caballo»).

Aún con todo la URSS mantenía con Cuba relaciones económicas preferenciales. Extraordinariamente beneficiosas, cuyos resultados siguieron despilfarrándose en experimentos, guerras africanas, y subsidios a partidos o guerrillas en Latinoamérica.

Para colmo de males el Comandante cometió un error grave durante el golpe de Estado contra Gorbachov en agosto de 1991. Mientras aquel Gorbachov, recibido en La Habana como amigo, era relegado por la camarilla golpista, y el mundo criticaba el puchetazo, los militares cubanos en todos los niveles festejaban, y lo peor, al Gobierno se le ocurrió emitir una declaración «llamando al orden» a quienes condenaban el golpe conservador, calificando de «autoridades soviéticas» a los *putchistas* y diciendo que era simplemente un problema «interno» de la URSS.

Esta posición de no «tomar partido» ante una evidente violación del recién nacido Estado de Derecho, era sencillamente una manera de legitimar la reacción contra el proceso democratizador que se desarrollaba en la URSS. Regresado Gorbachov al poder, fue retirada gran parte de la legión de técnicos, oficiales y soldados soviéticos desplazada por toda la Isla durante más de treinta años. Castro armó la pataleta, siendo éste uno de los pocos casos en la historia en los que una metrópolis se deshace de su colonia en contra de la voluntad de los colonizados (o al menos del virrey). Ése fue un momento difícil de la historia del castrismo, pero la cosa no era exactamente como el régimen la pintaba hablando de «doble bloqueo» y cataclismos por el estilo. En realidad, se trataba del establecimiento de relaciones comerciales sobre la base de los precios del mercado mundial. Y si Cuba dejó de comprar en los países ex-socialistas no fue por «maniobras del imperialismo», sino por falta de liquidez para ello. Castro nunca previó que un día Europa Oriental se desinteresaría del producto más valioso de cuantos él le ha vendido: «carne de cañón». Pero bueno, ya pasó lo peor. Rusia descubrió que Castro, a pesar de las majaderías, sigue siendo un peón útil en su geopolítica como superpotencia. Ante la alternativa de inducir a la democracia, justo resarcimiento al pueblo cubano por el daño que se le hizo al convertirlo en pieza de su antigua estrategia internacional, o entrar en contubernio con quien sueña con el retorno al pasado soviético, ha optado por lo segundo.

Rusia pues, a pesar de las diferencias ideológicas, es hoy uno de los primeros socios comerciales de Cuba y por supuesto uno de los críticos de las sanciones económicas norteamericanas. Por si no le bastara con las de su territorio, el enorme país eurasiático cuenta con dos bases militares en Cuba: un puesto de espionaje electrónico en Lourdes, cerca de La Habana, y una base de submarinos nucleares en Cienfuegos. Algo que Castro olvida mencionar cada vez que trae a colación la base norteamericana de Guantánamo como atentado a nuestra soberanía. Con los empresarios «nuevos rusos», «viejos europeos», latinoamericanos, y japoneses que invierten hoy en Cuba, Castro ha logrado reconstruir la plataforma internacional que favorece su mantenimiento en el poder, como antaño hacía la burocracia soviética. Y lo más interesante es el apoyo moral que este bloque recibe de los «movimientos solidarios». Una vez más, cierta izquierda, como en tiempos de Stalin, se alía con el afán de ganancia a costa de cualquier escrúpulo moral o político.

El 3 de octubre de 1997 el periódico sueco *Dagens Nyheter*, en cuya sección de lectores se habían publicado varias cartas cuestionando la ayuda incondicional que recibe el Gobierno cubano de parte del Estado Sueco, publicó un inmenso reportaje sobre la empresa Sueca BAT internacional[16]. El artículo, que más tenía de propaganda que de noticia, giraba en torno a la idea «feliz» que se le ocurrió al pensionado Lars Jisborg de crear una agencia comercial que ofreciera asesoría a empresas suecas para invertir en Cuba, como

---

[16] Elisabeth Cervin, «Fler får upp ögonen för Kuba» Dagens Nyheter, 3 Oktober, 1997, Sid. A 15.

medio para evitar las represalias de la Ley Helms-Burton. BAT compra los productos a las empresas suecas y luego se las vende al Gobierno cubano.

Este personaje misterioso que trabajó durante nueve años en la industria pesada cubana como asesor, aparece sonriente leyendo el periódico oficial *Granma* en una foto. En el pie se habla de las empresas europeas que exportan a Cuba. Según el empresario nórdico, la Isla es hoy el mejor de lugar de Latinoamérica para invertir. Podría haber agregado el país donde los obreros y profesionales se encuentran más desamparados sindicalmente. En un recuadro del artículo se ofrecen los nombres de las instituciones cubanas a las que deben dirigirse las empresas que quieran invertir en Cuba, y se destacan entre las empresas suecas que ya tiene oficinas en la Isla a Sandvik, Alfa Laval, Elof, Hansson y Volvo. La reportera ofrece de paso algunos datos importantes a los potenciales inversionistas como que el salario promedio es de 200 pesos por mes, equivalente a unos 9 dólares, o a 70 coronas.

Para que se tenga una idea de la impresión que puede causar esta nota entre los empresarios suecos, sépase que en Suecia la asistencia social para un inmigrante desempleado, sin familia puede llegar a alcanzar la cifra de 6.000 coronas. En este artículo se entrevista al responsable de comercio en la Embajada sueca en La Habana, Torgny Svenungsson, quien se asombra del enorme interés por invertir en Cuba a pesar del bajo nivel adquisitivo que hoy posee el cubano. El diplomático recomendó la industria turística para invertir, y reconoció como problemas el poder disuasorio de la Ley Helms Burton, y la política de empleo. En Cuba es una agencia del Estado la que emplea y no el empresario extranjero, lo que impide la selección de un personal a gusto de las empresas extranjeras (nada se dice en el artículo de la explotación que significa el hecho de que el Estado se haga de la diferencia entre lo que paga el inversor y lo que recibe al final como «salario» el trabajador cubano).

Al final del reportaje, el dueño de BAT declara tranquilamente que en caso de morir Castro, habría un caos de sólo unos 6 meses, luego irrumpirían las empresas norteamericanas en la Isla. Para la muestra un botón, nadie piensa en que de caer Castro muchas de estas empresas podrían ser consideradas como «colaboracionistas» con el sistema o demandadas ante las leyes internacionales que protegen el derecho laboral por las condiciones en que permitieron que se explotara a sus empleados. Creen que seguirán teniendo ganancias sin comprender que el éxito de muchas de ellas depende del amparo que les ofrece el monopolio estatal y a la inexistencia de la menor competencia nacional.

Y por último, lo que no aparece en este artículo, como en casi ninguno de los que se publican en la democrática Europa invitando al comercio con Cuba, es el menor remordimiento por entrar en transacciones incondicionales con un dictador. ¿Qué dirán aquellos criticados tecnócratas que trataron de salvar lo que consideraban de buena fe una economía socialista, cuando Castro ahora parte la economía nacional en manos de capitalistas reales? ¿Quiénes son los españoles, los mexicanos y hasta los suecos para venir a enseñar a los cubanos las mismas lecciones de eficiencia económica y estímulo al obrero que les daban los de la Isla antes de la Revolución?. De esa Revolución que tardíamente se abre a la inversión extranjera, y que todavía en 1987 la consideraba como una herejía «burguesa». Sólo queda el intento de rescatar dicha eficiencia aplicando la ley del valor. ¿Cómo se sentirán estos cubanos, muchos de ellos sin trabajo o con salarios de miseria, ante los inversores extranjeros, esos felices de pasar a la historia estrechando la mano del «viejo revolucionario Fidel Castro»? ¿Y qué dirán de todo esto aquellos pocos, ya por víctimas, ya por subordinados, que conocen el lado arrogante y «macabro» de Guevara, ese que nos muestra la foto que le tomara Alberto Korda? ¿Quién recordará a los que ven en el «Che» un idealista, la responsabilidad de éste en la construcción del sistema ineficiente y autoritario que aún sufre Cuba? ¿Quién y cuándo hablará de las ejecuciones de prisioneros realizadas por hombres bajo el mando del fiel «Che» antes y después de llegar Castro al poder? Ernesto Guevara no cesó hasta el final de sus días de propagandizar el modelo establecido en Cuba, su ideal. Fue más que un antiimperialista, un fanático antinorteamericano. Jamás dijo ni una sola palabra de condena contra el aplastamiento de la revolución húngara, ni contra el humillante sometimiento de Polonia, o de Alemania Oriental (uno de cuyos agentes secretos, «Tania», lo acompañó en su última aventura), ni una frase de conmiseración por los millones de seres exterminados en Siberia. Éste es el máximo peldaño en la escala humana que los niños cubanos deberán imitar ciegamente.

El «Che», la figura aglutinante de Castro, es un hombre cuyo coraje ante la muerte no atenuará sus culpas cuando se abran los ojos de Cuba. Cuentan que Guevara, ya prisionero y poco antes de ser ejecutado, trató de adoctrinar a la joven maestra de la escuelita donde lo tenían prisionero. Le dijo a la muchacha que había venido a luchar para que en Bolivia no existieran escuelas pobres mientras que los gobernantes y sus jefes militares tienen Mercedes y otras cosas. La maestra de sólo 22 años le respondió: "Usted vino para asesinar a nuestros soldados". La respuesta de Guevara fue: "Usted sabe que la guerra es perder y ganar"[17], por otra parte, lógica para quien la Revolución era ante todo un juego peligroso, en el que se sacrifican seres humanos como fichas de ajedrez, una aventura en la que la muerte será bien recibida siempre y cuando: "El grito de guerra haya llegado hasta un oído receptivo y otra mano se tienda para empuñar nuestras armas, y otros hombres se apresten a entonar los cantos luctuosos con tableteo de ametralladoras y nuevos gritos de guerra y de victoria"[18]. Este discurso belicista, cada día menos hermoso en la forma y más espantoso en el contenido lo viene escuchado el cubanos hace ya casi cuarenta años. El V Congreso del Partido lo sanciona para que continúe martillando los angustiados oídos de los cubanos, un pueblo desgastado en la espera de una invasión norteamericana en la que ni los grupos mas beligerantes del exilio creen. Al mismo tiempo, ni los «sanos» que el doctor Guevara mató, ni su muerte, dizque en pos de la utopía, valió de nada. En la Cuba de hoy, igual que en la Higuera de Bolivia en tiempos de la guerrillas de Ché, hay un «presidente» que lo tiene todo y niños que por no tener, no tienen ni el derecho a soñar con la paz.

---

[17] Ver «Las últimas 24 Horas de Guevara» , recogido por Muñiz Sodré y María Helena Ferrari en *Técnica del Reportaje*, Editorial Pablo de la Torriente, La Habana 1988, pag. 55.

[18] Víctor Pérez-Galdós (1985). *Un Hombre que Actúa como piensa*. Editorial Vanguardia, Managua.

CAPÍTULO IV

EL EMBARGO,
EL ÚLTIMO ACTO "REVOLUCIONARIO"

La reconciliación entre cubanos, digo y repito, ha de pasar por el levantamiento del embargo, al menos moralmente, si es que de verdad fuera el Gobierno norteamericano y las provocaciones del gobernante cubano, lo que lo determina y no la voluntad política del exilio. No se estará nunca reconciliado con alguien (en este caso el pueblo que vive en Cuba) a quien se le desea una situación que agrava la que ya padece, si se cree que al mismo tiempo se está afectando al que le gobierna. La reconciliación ha de pasar por el esfuerzo espiritual de reconocer al ser humano, en aquellos cubanos que se mantienen integrados al sistema imperante. Se trata de "esforzarnos en ver también al prójimo a quien consideramos tan sólo un enemigo". Esto, mejor que yo (formado en las leyes del ateísmo científico) debería comprenderlo aquella parte del exilio que dice profesar una doctrina, cuya proclama es la de revolucionar el mundo por la vía del perdón y el amor a nuestros deudores, el cultivar una rosa blanca "para el cruel que me arranca el corazón con que vivo". En otras palabras, los auténticos cristianos.

Para justificar el embargo se invoca la caída del racismo en Sudáfrica. Aquí se obvian factores determinantes, entre ellos que el embargo en aquel caso se ejercía contra una economía abierta, mucho más efectiva que la cubana, donde el pueblo podía encontrar "nichos" de escape, en un país en el que se permitía para colmo una oposición, tanto la de los blancos reformistas como la de los negros dispuestos a aniquilar totalmente la segregación. En este caso el embargo es más efectivo, y al mismo tiempo menos dañino para el pueblo que el que se ejecuta sobre un Estado totalitario.

En Cuba el sistema transmite automáticamente a su víctima todo el "daño" que se le hace, la escuela, el hospital, el empleo, la comida, la medicina, los servicios, todo viene del Estado "embargado".

También se excluye el elemento ético estratégico del rol jugado por la transformación espiritual de Nelson Mandela. Un líder político convertido, quizás por obra y gracia de sus años de cárcel, de terrorista a hombre de paz, capaz de perdonar a los blancos. Si hubiese predicado el castigo contra los blancos por los crímenes colectivos, e históricos contra su raza ?como predica día a día un sector de los exiliados con relación a los comunistas en general? la liberación de los negros habría demorado mucho más. Mandela se ganó así un respaldo internacional y también la confianza de los sectores "perestroykos" del estamento blanco sudafricano. El modelo sudafricano no funciona para justificar el embargo, porque se trató allí, más que del embargo universal, de un sistema donde la contradicción antagónic,a interna radicaba en el choque socavador de una economía abierta, liberal, con condiciones precapitalistas (racista). Para colmo se trataba de un país literalmente en guerra con los llamados países del frente y hasta hacía poco tiempo contra el mejor ejército de América Latina, el de Cuba.

En el plano internacional Sudáfrica era atacada tanto por Occidente, fundamentalmente el Gobierno de Inglaterra y los medios de comunicación de Estados Unidos, como por el campo socialista. No es el caso de Cuba.

Por otro lado, las inversiones capitalistas no parecen ser del todo inocuas. El exiliado pro-embargo olvida que el Gobierno cubano no aceptó inversiones durante 30 años, porque había un peligro para él en ellas. Si las acepta ahora es porque está tomando del lobo un pelo, la desagradable (para el régimen) presencia extranjera que significa ojos incómodos contra la represión, vías incontroladas de comunicación y lo peor, el mal ejemplo, para bien y para mal, que dan, no tanto los empresarios extranjeros como sus empleados, a los asalariados cubanos. Nadie puede evitar que una vez tomado por el pelo, el lobo dé su mordisco.

El debate se sitúa en la pregunta «¿y quiénes son los mayores afectados cuando se reducen las inversiones en un país?». Sobre este punto un amigo escribía: "[...] Los empresarios en una economía libre buscan la productividad (o si no el mercado se los come). Las inversiones se conciben como algo productivo...y producen. En la economía cubana este concepto no existe. Las inversiones son más subsidios que otra cosa. Ayudan al Estado a sobrevivir (es decir, a que la clase dominante siga teniendo privilegio, es la naturaleza intrínseca de este Estado) pero no creo que ayuden al pueblo de a pie. Me queda claro que a largo plazo, acaban socavando al régimen".

El problema es que las inversiones en Cuba, crean puestos de trabajos para los cubanos, y de paso fondos para paliar los efectos del embargo. Para analizar como incide este embargo en la vida cotidiana usemos como fuente el propio "lamento" del régimen. Precisamente aquello en lo que se basan los que apoyan el embargo cuando dicen "si algo le duele a Castro entonces yo lo apoyo". Así reaccionan, sin darse cuenta de que es con esa simpleza, con la que el régimen les hace actuar de la forma en que le conviene. Ya sabemos que el periódico *Granma Internacional* es un medio de propaganda, donde se mezclan verdades y mentiras para lograr los objetivos. Con ojo fino debemos entresacar lo verosímil para convertirlo en una fuente de información y desarmar la manipulación, allí esta el *Informe de Cuba al Secretario General de la ONU. Necesidad de poner fin al bloqueo económico, comercial y financiero de los Estados Unidos contra Cuba*[19]. Un documento que sin duda ha sido escrito con mucha astucia y que por su importancia en él se han reducido al mínimo los datos falsos.

---

[19] http://www.granma.cu/documento/espanol01/026-e.html.

Por otro lado, estamos conscientes de que merece ser actualizado a partir de los últimos pasos dados por los Estados Unidos para aflojar el embargo. De todos modos tomémosle críticamente como fuente para establecer un paradigma del impacto en los más necesitados que tienen las medidas económicas contra un país totalitario. En la segunda y tercera parte del texto se dedica a la salud:

"Desestabilizar el Sistema de Salud cubano ha sido un propósito sistemático de la política de hostilidad y bloqueo mantenida por los Estados Unidos por más de cuatro décadas. Una prioridad fundamental dentro del accionar político dirigido contra la esfera de la salud, ha estado encaminada a desestabilizar la base científica y de recursos humanos del sector médico, mediante el estímulo sistemático a la deserción.

Así, desde inicios de los años 60 ninguno de los gobiernos norteamericanos ha cesado un instante en sus campañas para alentar el robo de cerebros de este sector. Como resultado de esas campañas, el 50% de los médicos que existían en esos primeros años abandonaron el país. Asimismo, como parte de esa política se prohibió también toda posibilidad de transferencia tecnológica-científica y de superación del personal médico, obstaculizando el acceso a la literatura médica, al intercambio de experiencias y a la participación en eventos y congresos médicos. Los médicos, enfermeras y el resto del personal del sistema de salud cubano, llevan a cabo su labor en condiciones extremadamente difíciles por la carencia de los medios necesarios para la atención a los pacientes y la solución de sus dolencias. Sólo su alto nivel profesional y científico y su espíritu de solidaridad humana, compensan parcialmente los déficits materiales que padece este sector.

Aunque es universalmente reconocido, cabe recordar que en Cuba la atención médica y hospitalaria beneficia sin distinción a toda la población y se presta de forma gratuita. No se escatiman esfuerzos y recursos para preservar la salud y la vida de cada ciudadano. Sin embargo, como consecuencia del bloqueo de los Estados Unidos, no siempre se cuenta con el medicamento o el equipo adecuado para un paciente en peligro de muerte.

Pero las afecciones en ámbito de la salud pública cubana no sólo están asociadas a los factores antes señalados sino también, y de manera creciente, a la propia estructura y reorganización de la producción mundial y el mercado internacional de medicamentos y equipos médicos. Las empresas farmacéuticas y productoras de equipos médicos estadounidenses y sus subsidiarias en terceros países, producen más del 50% de las nuevas drogas farmacéuticas y más del 80% de los productos biotecnológicos, con una vigencia en sus patentes que alcanza los 17 años.

Por otra parte, y con particular fuerza desde la pasada década, las empresas estadounidenses han participado de manera expansiva en el acelerado proceso de adquisiciones, fusiones y alianzas estratégicas entre empresas de este sector, lo que ha provocado que empresas que anteriormente suministraban productos y equipos médicos a Cuba cesaran esos suministros, como consecuencia de la promulgación de la Ley Torricelli. Todas las especialidades del Sistema de Salud han sufrido severas lesiones en cuanto a la disponibilidad de medicamentos, material gastable, utensilios, equipos y piezas, al mismo tiempo que se ha agudizado en algunas especialidades la obsolescencia tecnológica del equipamiento. En algunas de ellas las consecuencias de estos déficits han resultado dramáticas, no sólo por los padecimientos de los pacientes y sus familiares, sino también por los del personal médico y de enfermería que se han visto, en ocasiones, impotentes frente a la urgencia de salvar una vida o curar una dolencia, al no disponer oportunamente del medicamento o equipo necesario de origen estadounidense.

Los padres del niño Johnatan Guerra Blanco, de 8 meses de edad, son dos de los tantos que pueden dar testimonio de estos sufrimientos, que hubieran sido menores si se hubiera tenido la oportunidad de adquirir un dispositivo llamado "Stent", el cual fue negado por la empresa Johnson & Johnson.

Entre los impactos más negativos se encuentran los relacionados con pruebas diagnósticos tales como rayos X, análisis de laboratorio clínicos y microbiológicos, biopsia y endoscopias. Son muchos los casos elocuentes de esos impedimentos. Entre ellos se puede mencionar el de la empresa Murex International Technologies, que para evitar las represalias del Gobierno norteamericano prohibió el suministro de equipos de diagnóstico a Cuba desde el Reino Unido, que hasta ese momento era realizado por una de sus compañías en ese país. Ello ocasionó la interrupción abrupta de una fuente importante de suministros, la búsqueda de un nuevo proveedor, esperar como mínimo seis meses antes de poder usar esos productos y el incremento de los costos.

Las empresas cubanas dedicadas al comercio de equipamiento, tecnologías e insumos médicos y para la salud, no pueden adquirir equipos de laboratorio de reconocidas compañías como la Baxter, Healthcare, Drake Willock, Vitalmex Interamericana, S.A., así como de otras compañías norteamericanas que se niegan a vender equipos, material gastable y accesorios a los hospitales cubanos para los equipos de diálisis y otros de cuidados terciarios. De igual modo, los métodos modernos de diálisis peritoneal de ciclo continuo no pueden ser adquiridos para los hospitales cubanos.

En relación con otras especialidades, cabría añadir que se ha limitado de forma notable la adquisición de equipos e instrumental básico de alto nivel para el desarrollo de programas de oftalmología, cirugía y microcirugía. La cardiología y la cirugía cardiovascular son también perjudicadas significativamente por las regulaciones y leyes que existen en torno a Cuba. Especialistas del principal centro cardiovascular infantil del país testimonian cómo se ha puesto en peligro la vida de pacientes con cardiopatías críticas ante la imposibilidad de adquirir drogas antiarrítmicas modernas, de mejores resultados. Un medicamento importante en el tratamiento de la cardiología pediátrica es el Prostin V-R, producido por la firma Upjohn, y que sólo se utiliza en tratamientos hospitalarios. Este medicamento, considerado vital para preservar la vida de infantes con cianosis congénita y atresia pulmonar, no puede ser adquirido ni siquiera mediante intermediarios al referir como destino el nombre de un hospital cubano.

En los últimos años, Cuba no ha tenido, además, acceso a más de 16 tipos de citostáticos para la terapéutica del cáncer, la mayoría de los cuales son producidos por compañías norteamericanas. A ello se unen las dificultades en el empleo de la Radioterapia por deterioro y/o insuficiencia del equipamiento, haciendo más costosa, complicada y mutiladora la terapia aplicada al tratamiento de cáncer, con un mínimo de calidad necesario. A modo de ejemplo, cabe destacar la situación dramática del niño de 9 años de edad, Yordanky Rodríguez Ramírez, con una Leucemia Linfoblástica aguda y de alto riesgo, a quien se le ha tenido que modificar constantemente el tratamiento médico por la no disponibilidad de los más adecuados medicamentos, lo que ha repercutido en una desfavorable evolución del paciente".

La falacia está en que las dificultades en ese momento no se deben solamente a que la economía cubana, ya de por sí ineficiente, no pueda adquirir medicamentos para sus pacientes. Se oculta que el régimen, centralizador de todas las finanzas del país y con una maniobra de acción económica inédita en la historia, es esclavo de su lógica interna, la de priorizar el poder. Así no está en condiciones (si se quiere por ineptitud moral) de extraer recursos de las marchas y concentraciones pagadas, de los que se emplean en propaganda y represión innecesaria o quizás en medicina pero, que son gastos con fines más políticos que humanitarios, como es la formación de médicos extranjeros norteamericanos o a veces de clase media sudamericana, o de la atención al turismo de salud, donde en muchos casos se trata de amigos políticos o gente que está ahorrando y que en sus países tienen la alternativa que no tienen los padres del niño citado como ejemplo, Johnatan Guerra Blanco, (seguros, hospitales públicos y privados...). Pero por otra parte, si nosotros sabemos que el niño Johnatan Guerra Blanco no tiene otra opción de ser curado en el sistema ya descrito, que está atado de pies y manos en él, y apretamos las tuercas conscientes de que va a quedar fuera ante otras prioridades, entonces por carambola nos hacemos cómplices también de sus sufrimientos. No hay aquí lavado de manos al estilo de Poncio Pilatos. Estamos simplemente dando fuerza —con nuestro voto, nuestros artículos, nuestro dinero, nuestro apoyo moral al embargo— al martillo que crucifica al pueblo, quizás con la "sana" esperanza de que un dolor más intenso le vuelva un rebelde contra sus bien armados captores y nos saque las castañas del fuego, nos devuelva la Cuba que perdimos. ¿Cuántos muertos habrá (tendremos en nuestra conciencia) antes de que ello ocurra?

Al "revolucionario" no le importa esa cuenta, va en sus cálculos de camino a la utopía. ¿Seguimos siendo revolucionarios?. En un Estado comunista, es decir, donde la economía está centralizada en grado altísimo como Cuba, es el único lugar donde lo que afecta al Estado afecta al pueblo, porque es en el único sitio donde la gente tiene trabajo, el único del cual recibe alimentos y medicamentos, el único donde puede estudiar. El Estado es a su vez el gran empresario. Si se aprieta al Estado a los que menos se afecta es a sus élites (ellas están en el rincón mas seguro). A los que indirectamente se mata (como se deduce al decantar la mentira y extraer la media verdad del *Granma*) es a los de abajo, a los menos comprometidos. En un país capitalista por el contrario, el Estado es una cosa y la economía es otra. Cuba ahora tiene que verse como un sistema monolítico desde el punto de vista económico, desgraciadamente. Y si bien, Castro no es Cuba, y nos duele que se le sustituya metonímicamente por ella, tampoco es ético ni estratégico castigar a toda Cuba, para alcanzar a Castro.

CAPÍTULO V

NO ES LA PASIÓN, SINO LA VISIÓN, LO QUE HA DE JUSTIFICAR EL MEDIO

La tesis de que la abrogación del embargo norteamericano significa el comienzo del fin del totalitarismo en Cuba fue la respuesta de un convencido partidario de las sanciones, con los siguientes argumentos:

"¡El fin del embargo dará inicio al neofascismo en Cuba!, o sea, la continuación del régimen totalitario pero con el apoyo de los mercaderes del ultracapitalismo por 15 ó 20 años más y punto. No sean ingenuos ninguna dictadura totalitaria cede sin presiones económicas o beligerantes, no hay otra forma de cambiarlas".

Martí nos enseña que "*El déspota cede a quien se le encara, con su única manera de ceder que es desaparecer: no cede jamás a quien se le humilla. A los que le desafían respeta: nunca a sus cómplices*". Las palabras del polemista provocan la siguiente reflexión: a las dictaduras totalitarias se les combate o con sumo coraje, es decir, con las armas en la mano, o con suma astucia, penetrándolas y destruyéndolas desde adentro".

Creo yo, sin embargo, que el fracasado embargo norteamericano contra Fidel Castro, no cae, desgraciadamente, en ninguna de estas categorías. Es una causa cuya probable derrota tarde o temprano castigará, como un bumerán, a los que le sostienen, dañando aún más, ante la opinión pública estadounidense e internacional la imagen de la fuerza política de los exiliados cubanos, del mismo modo que ocurrió con el caso del balserito Elián.

El mal llamado en Cuba "*bloqueo*", es en realidad un arma de doble filo. En su condición de presión a medio camino, sólo causa cosquillas al régimen, quien ríe viendo a los exiliados enfrentados, divididos a los cubanos entre los que embargan y los que sufren el embargo, y aislados internacionalmente quienes sostienen una medida, que, definitivamente, enquista aún más al régimen en su ortodoxia. Se hablaba un párrafo antes de impedir un "ultracapitalismo en Cuba" como si el capitalismo monopolista de Estado imperante (definición mucho más pertinente que la de "socialismo") no fuese ya la quinta esencia de los males del capitalismo.

Se propone combatir un régimen estatalista por una de las vías que le caracteriza, la intervención estatal extrema en la circulación de personas, créditos y productos (en este caso por parte de EEUU). Como se diría popularmente en Cuba, "bailando en casa del trompo" y de paso contaminando de algún modo el fin con los medios.

El embargo es una manera de hacer política pensando en términos meramente económicos y no "políticos" (por no hablar de la exclusión de un factor tan importante como es el propagandístico). Quien defiende la sanción piensa en los términos en que se ha de arruinar una empresa (la empresa Castro). Cortándosele créditos, cerrándosele por decreto el acceso a determinados mercados... Hasta ahí llega toda la visión. Lo que esto traiga como consecuencia, para los "empleados", que se le acentúe el sufrimiento a quien no tiene otra vía de sustento, no parece pertinente. Pero luego no se comprende, cómo logra el régimen interferir, desde el punto de vista ideológico (además de electrónico) el mensaje del exiliado que favorece las sanciones, y mediatizar su recepción por parte de la población cubana.

El problema del sector pro-embargo del exilio cubano es que ha confundido la filosofía con que alcanzó el éxito empresarial, con la que debe seguir para alcanzar el éxito político, entiéndase el establecimiento en Cuba de un Estado de derecho y una economía de mercado con responsabilidad social. Cree que con la misma lógica con la que se puede arruinar a un competidor comercial se derroca un régimen totalitario (usando la parte menos limpia en la competencia). Y tal es la preponderancia del pensamiento economicista en este sector que a *grosso modo* termina por "leer" la posición anti-embargo en términos de intereses "económicos", o sea, como una simple alianza entre "mercaderes y socialistas", para nada como el resultado de una visión trascendente del problema cubano.

Por supuesto, hay de todo en la viña del señor, del mismo modo que un empresario o un castrista, por intereses ajenos a los de Cuba, pueden enarbolar la bandera anti-embargo, también puede un agente de la dictadura ser el primero en azuzar las posiciones más beligerantes (en general inocuas), y agitar manifestaciones fratricidas contra opositores al régimen que descartan lo mismo el embargo (que de alguna manera afecta al pueblo de Cuba) que un boicot contra México (algo que aleja al exilio cubano del Gobierno de ese país, como exactamente busca el régimen). El fundamento intelectual del embargo es simplemente y llanamente un sentimiento arraigado en nuestra cultura política, el odio visceral al enemigo; el afán de dañarle y de no permitirle el menor beneficio, a cualquier precio. No se toma en cuenta, en este caso, que el "precio" de tal postura aleja la democratización de Cuba. No se comprende la paradoja del "beneficio" que significará el levantamiento de las sanciones económicas: el desencadenamiento de resortes que aceleran mecanismos desarticulatorios del totalitarismo, dinámica perceptible desde que se implementó la dolarización de la economía cubana hasta su anulación hace pocos meses. La totalitarización económica y política de Cuba tocó fondo hace tiempo. No hay que agregarle lastres, sino provocar movimientos que hagan emerger la nave hundida a la superficie post-totalitaria, es decir, inducir cambios como aquellos que, inesperadamente, dieron a los periodistas alternativos de Cuba, el acceso a Internet. La cita de Martí está de más en esta discusión, ni los que abogan por el levantamiento del embargo se están humillando, pues no hay humillación en buscar bienestar al menor costo posible para la patria, ni los que sostienen el embargo están siguiendo consecuentemente la pauta martiana, que como se sabe, daba al término "encarar al déspota" el significado de revolución armada. La emoción es buena sólo cuando se trata de alzar un machete, pero a todas luces, no es el caso. Dejemos pues que sea la fría razón, y no la ciega pasión, quien tome las riendas de la estrategia para hacer del cubano un pueblo feliz.

CAPÍTULO VI
¿CAER SIN AYUDA O CONTRAER DEUDAS DE GRATITUD CON G.W. BUSH?

Bush escogió el 10 de octubre del año 2003 —aniversario del grito de independencia dado en 1868 por Carlos Manuel de Céspedes, para los cubanos el "Padre de La Patria"— para anunciar una serie de medidas que acentuarían la estrategia de su administración (y de todas las anteriores) hacia el Gobierno de Fidel Castro.

Ese día, el presidente norteamericano reafirmó las restricciones ya vigentes prohibiendo que los norteamericanos viajen a Cuba por placer, aunque permitiría viajes por visita familiar, ayuda humanitaria o investigaciones. En esos casos su gobierno tomaba cuidado para que tales excepciones no encubrieran viajes de negocios y turismo, o evadieran las restricciones sobre el envío de dinero a la Isla.

Bush declaró en esa ocasión haberle dado instrucciones al Departamento de Seguridad del Territorio Nacional de USA para que aumentase las inspecciones de viajeros y envíos de Cuba, amenazando con que las autoridades irían tras aquellos que viajaran a Cuba ilegalmente por medio de terceros países o que navegaran al país caribeño en embarcaciones privadas violando el embargo. Argumentando que el tráfico ilegal de dinero y el turismo ilegal perpetúan la miseria del pueblo cubano y contribuyen al comercio sexual ilícito.

El mandatario de origen texano afirmó también que estaba tratando de que los cubanos que quisieran huir de su país no arriesgaran sus vidas en el mar, para ello el Gobierno estadounidense mejoraría el método según el cual identificaría a los refugiados, informando mejor de las maneras de entrar de forma segura y legalmente a los Estados Unidos y aumentando el número de inmigrantes cubanos por año.

Bush anunció además la creación de la Comisión para la Ayuda a una Cuba Libre (Commission for the Assistance to a Free Cuba), con la misión de hacer planes para el día en que la democracia llegue a la Isla. La comisión sería presidida por el Secretario de Estado Colin Powell y el Secretario de Vivienda y Desarrollo Urbano. Ella debería recurrir a expertos dentro del Gobierno para planear y acelerar la transición de Cuba. Así mismo el presidente norteamericano aseguró que se proponía continuar forjando una coalición internacional para promover la causa de la libertad dentro de Cuba.

Con respecto a la censura vigente en la Isla, Bush se comprometió a continuar interrumpiéndola con el aumento de la distribución de materiales impresos, de información en internet y del respaldo a las radios de onda corta para los cubanos. En este aspecto Bush está convencido de que *TV y Radio Martí* están llevando el mensaje de libertad al pueblo cubano pero reconoce la necesidad de mejorar su eficacia técnica. En tal contexto recordó que en el 2003, se inició un servicio nuevo por satélite para ampliar el alcance en Cuba y que el 20 de mayo de ese mismo año, se había realizado el vuelo de Comando Solo, un sistema de transmisión aerotransportado que penetró los mecanismos de interferencia del régimen comunista y que le permitió al mismo Bush hablarle al pueblo cubano en español.

El discurso de Bush recibió el aplauso del sector intransigente de la diáspora cubana que radica en Miami, que al fin respira con alivio. En los últimos tiempos la alarma había cundido dentro de ella frente a los devaneos, de apariencia "clintoniana", en la administración norteamericana.

Ahora, con estas medidas, Bush garantizaba el voto de un sector que comenzaba a vacilar en su tradicional lealtad a los republicanos. Lo que está por ver es si también se acelerará la democratización de Cuba.

Con sus propuestas de medidas electoreras, Bush arremetía de cabeza contra lo que recomiendan, con relación a Cuba, importantes expertos en el tipo de régimen totalitario que sufre Cuba. El embargo a Cuba resulta contraproducente a la hora de acelerar su democratización, según el prestigioso Instituto Hoover[20], y según personalidades que han combatido con éxito el llamado comunismo, de frente como Vaclav Havel, o desde la retaguardia, como Mijail Gorbachov.

Al cercenar el libre contacto entre cubanos y norteamericanos, Bush le está negando a su gente el protagonismo de la solidaridad directa de su pueblo cubano y está colaborando con el aislamiento informativo y de referencias en que tanto se fortalece a cualquier dictadura. Bush cierra puertas que la experiencia sueca de respaldo al movimiento democrático ha demostrado que pueden ser utilizadas en beneficio de la sociedad civil cubana, la del turismo. Es por ahí que se le escabullen a Castro los activistas democráticos europeos, del mismo modo en que los guerreros de Odiseo, atados a las ovejas del Polifemo, burlaron al gigante después de cegarle el único ojo. La diferencia está en que los suecos no escapan, sino que se arriesgan entrando en la cueva del cíclope Castro, confundidos en la manadas de "mansos" turistas, para llevarle la luz de la información y la solidaridad a los cautivos de esa Caverna Platónica en la que se ha convertido Cuba para sus ciudadanos.

La luz de los activistas democráticos, sean cubanos emigrados, amigos europeos, latinoamericanos o norteamericanos será la única que les mostrará al confundido pueblo de Cuba el sentido de una lucha y el camino de la libertad. Pero ésta es boicoteada por Bush. Luego se da la paradoja; los mismos que defienden el aislamiento de Cuba piden a los que se oponen a él desde Europa que les ayuden a

---

[20] RATLIFF, William y Roger FONTAINE (2000). *A strategic Flip-Flop in the Caribbean. Lift the Embargo on Cuba.* Hoover Institute, Stanford University.

entrar las informaciones que, por tan torpe política, no pueden hacer llegar a la Isla.

Es verdad que hay corruptelas en el turismo y que éste deja dinero a las empresas estatales y extranjeras, pero ésas siempre habrán, y si no es de los norteamericanos será del resto de los viajantes que seguirán llegando, ahora con la garantía de que sólo diseminarán en ella el profundo antinorteamericanismo que campea por el mundo.

Por otra parte, quienes recomiendan la política del cierre al presidente, perecen haber olvidado decirle que el turismo también genera empleo (por más hiperexplotado que sea el trabajador, convenimos) e ingresos que quedan en manos de los cubanos; cuyos servicios informales (que no se reducen a la lamentable prostitución) les permiten independizarse del monopolio estatal. Es un axioma el que de la independencia económica se genera la política. Cerrar esas fuentes alternativas de ingresos e información sobre el mundo es convertirse en cómplice de la miseria y la censura en gran escala propia del sistema despótico oriental vigente en la Isla, esto lejos de prestigiar al Gobierno de Estados Unidos, fortalece su rechazo ante los cubanos y el mundo.

Si por intereses electorales (como se evidencian), no se ha escuchado ahora a los expertos, nada nos hace creer que mañana sí se hará. No ha sido la razón, sino el pragmatismo político y los intereses internos del Gobierno norteamericano de satisfacer un exilio cada vez más desarraigado de la realidad cubana. De tal modo ante la flamante, Comisión para la Ayuda a una Cuba Libre anunciada aquel 10 de octubre —en la que ni siquiera están representadas todas las fuerzas del exilio, es decir, el sector de izquierda, y los grupos moderados— no nos queda a los cubanos más que repensar las palabras del héroe de la independencia cubana Antonio Maceo, escritas en el campamento de El Roble, el 14 de julio de 1896, a cinco meses de su caída, en carta dirigida al coronel Federico Pérez Carbó: "Tampoco espero nada de los americanos; todo debemos fiarlo a nuestros esfuerzos; mejor subir o caer sin ayuda que contraer deudas de gratitud con un vecino tan poderoso".

De lo que se trata es de desnorteamericanizar el conflicto cuba-no. Lo cual no niega la necesidad de solidaridad del pueblo estadou-nidense con el movimiento democrático, como de cualquier otro pueblo del mundo. La estrategia de Bush sólo contribuye a acentuar la imagen de conflicto USA-Cuba, escatimándole al mundo el con-flicto fundamental de nuestra patria, el de Castro con su pueblo.

Una vez más el *Comandante* gana la jugada, pues tanto equívoco no puede ser casual, es el resultado de una estrategia bien planeada. El dictador cubano tiene a sus gerifaltes clamando en todo el mundo contra el embargo, quedando él como defensor del pueblo cubano, mientras sus agentes enmascarados de intransigentes les dictan al resto del talibanato del exilio, sediento de ideas, que se pronuncie radicalmente "a favor del embargo", esto es lo que luego reclaman a los republicanos, logrando con ellos que su gobierno se gane la ene-mistad del mundo y hasta de la mayoría de los cubanos de la patria. Estos últimos quedan en la duda, sin saber quién es peor, si un dic-tador al que la política estadounidense ayuda a pasar por "naciona-lista" o un gobierno "amigo" que no tiene reparos en usarlo como "medio" cuando acentúa su miseria como "estímulo a la democrati-zación". En tales condiciones las propuestas de Bush de forjar una coalición internacional contra Castro resultan impensables. A pocos les gusta colaborar con una estrategia que inmediatamente acentúa el sufrimiento de un pueblo, aún cuando el objetivo final de esta sea liquidar una dictadura.

Entre la imagen de plañideras que se crean los amigos de Castro y el de hienas que sus opositores en el exilio, tan gustosamente le ayudan a construir a los agentes del dictador, los pueblos del mundo optarán por darle crédito a la primera y ofrecer a las segundas un desprecio rotundo. Lo que intuye quien conoce al pueblo cubano es que en su mayoría está contra el embargo.

Por último, por muy satisfecho que esté Bush con el mensaje actual de *TV y Radio Martí*, sería hora ya que de su administración se pensase no sólo en su reforma técnica, sino también en la del con-tenido. Es cierto que para ella trabajan un grupo de periodistas de calidad indiscutible, capaces de elaborar un mensaje equilibrado, y por tanto más receptivos para el pueblo de Cuba, ejemplos de tales profesionales serían la revolucionaria antibatistiana Juana Isa, quien acostumbra a cubrir los acontecimientos político en Latinoamérica con gran objetividad y al mismo tiempo sensibilidad social, o el graduado de Historia en la antigua URSS Álvaro Alba quien ha hecho muy buenos reportajes sobre la historia del comunismo ruso.

Pero desgraciadamente también existen otros realizadores y conductores que representan un verdadero derroche de recursos, no llegan al nivel de instrucción promedio del pueblo cubano. "Periodistas" que hacen reportajes tendenciosos, si bien en sentido opuesto, parecen competir con los que los comisarios castristas exigen a los pobres comunicadores cubanos de la Isla, esto ni educa para la democracia y ni hace competitiva a la emisora.

Más valdría fijarse en lo que hacen en Cuba quienes pese a todas las trabas que la miseria y el control ideológico significan, son capaces de crear en las radios y televisiones cubanas programas de los que la *Radio Martí* tiene mucho que aprender[21].

Antes de pensar en la tecnología, debería el presidente norteamericano pensar en lo que se dice y cómo se dice en *TV y Radio Martí,* en convertir esa emisora, si de verdad es un regalo para la libertad de Cuba, en algo más que megáfono, a veces simplón, del Gobierno norteamericano (aunque sea su Estado el que la mantenga) y de un sector del exilio, que sea una verdadera alternativa cultural e informativa para los sometidos cubanos de la Isla, e incluso de la diáspora, donde todos puedan verse reflejados, que supere a las de Cuba en primer lugar reportando todo lo que allí pasa, sea bueno o malo, y en segundo lugar suprimiendo espacios que sólo ofrecen de los emigrados más radicales la triste imagen del desarraigo de su pueblo. De este modo, la programación no obedecería fundamentalmente a la cosmovisión particular de los sectores hegemónicos en Miami y sí a una concepción trascendente de la república cubana, con todos y para el bien de todos como proclamara el Martí de quien toma nombre la cadena de radio y televisión.

---

[21] En el momento en que se edita este libro existe en el Internet una pagina con enlaces tanto a *TV y Radio Martí* como a las radios y televisiones cubanas. [http://www.geocities.com/casamalecon/radiocuba/].

CAPÍTULO VII

EL *PROYECTO VARELA*
Y LAS GLORIAS QUE INVOLUCRA

Firmado el 24 de enero de 2003 por la Asociación de Veteranos de Bahía de Cochinos (Brigada 2506), el Consejo Nacional del Presidio político Cubano, el Consejo por la Libertad de Cuba, la Confederación de Trabajadores Cubanos (CTC en el Exilio), el Directorio Insurreccional Nacionalista, Junta Patriótica Cubana, las Madres y Mujeres contra la Represión (MAR por Cuba), el Movimiento Insurreccional Martiano, Municipios de Cuba en el Exilio, el Partido Protagonista del Pueblo, el Puente de Jóvenes Profesionales y la Unidad Cubana, llegó a mi buzón, por remisión indirecta, el artículo titulado "El Proyecto Varela y los peligros que involucra"[22].

La nota, marcada por la "inocencia" hace una serie de preguntas que evidencian el desconocimiento de sus autores sobre la esencia del sistema imperante en Cuba, y las inéditas condiciones dentro de

[22] Para conocer de primera mano los fundamentos del Proyecto Varelarecomendamos el libro editado la Fundación CADAL *Oswaldo Payá Sardiñas y el Proyecto Varela. La lucha pacífica por la apertura democrática en Cuba* [http://www.cadal.org/libros/LibroProyectoVarela.pdf].

la historia de la Isla en las que los impulsores de Varela llevan su
lucha democrática. Veámosla a continuación, para que el lector,
armado de sentido común y conocimiento de causa, responda por sí
mismo, los cuestionamientos[23]:

> "El Proyecto no pone condiciones para la realización del referén-
> dum, es decir, que el Gobierno castrista será quien imprima las
> boletas del referéndum, el que supervise su realización, el que
> cuente las boletas y el que emita el resultado. Cómo pregunta,
> ¿Puede alguien esperar que Fidel Castro o su régimen vaya a per-
> der una consulta realizada de esa manera, sin supervisión interna-
> cional, a menos que sea de su conveniencia?
>
> Todos estamos de acuerdo en que se reclamen las libertades y dere-
> chos de los cubanos, pero el Proyecto Varela solo pide 4 derechos:
> el de asociación, libre expresión, prensa y el de organizar pequeñas
> empresas privadas. ¿Por qué razón el Proyecto Varela no reclama
> el respeto a todos los derechos básicos e internacionalmente reco-
> nocidos como: igualdad ante la ley, el derecho a no ser discrimina-
> do por razones políticas, el derecho a no ser discriminado frente a
> los extranjeros, el poder entrar y salir libremente de su país y el fijar
> su residencia en cualquier lugar del territorio nacional, por solo
> mencionar algunas omisiones significativas? Además, si los dere-
> chos pedidos en el Proyecto Varela fueran aprobados, su ejercicio
> o disfrute estaría limitado porque la CONSTITUCION SOCIA-
> LISTA establece que ninguno de los derechos o libertades recono-
> cidos en esta constitución puede ser usado en contra de la decisión
> del pueblo cubano de construir el SOCIALISMO Y EL COMU-
> NISMO. (Artículo 62).
>
> Puesto que el Proyecto Varela no pide la derogación de la
> CONSTITUCIÓN SOCIALISTA, esos derechos pedidos en el
> proyecto no se pueden ejercer para intentar cambiar el sistema polí-
> tico vigente ni para desplazar al PARTIDO COMUNISTA de su
> control absoluto del poder.
>
> El Proyecto Varela discrimina al escoger que prisioneros políticos
> pueden o no ser liberados. Luego de 44 años de tiranía en los que
> el régimen no ha dejado de cometer crímenes de toda clase, los
> cubanos están moralmente justificados en recurrir a, prácticamen-
> te, cualquier método de lucha para sacar al tirano de su trono. Es

---

[23] El *Proyecto Varela* puede ser leído en la página del Movimiento Cristiano
Liberación [http://www.mclpaya.org/pag.cgi?page=varela&varpage=main].

muy desafortunado que el Proyecto Varela haga selecciones de esa naturaleza entre los presos políticos.

Es inaceptable que proyecto alguno encaminado a buscar una solución al problema cubano (sea aceptable o no lo que proponga) quiera excluir al exilio. En el exilio esta la mayoría de los cubanos que a lo largo de estos 44 años han arriesgado sus vidas luchando por la libertad de Cuba o que han pasado largos años en prisión manteniendo viva la llama de la rebeldía. El Proyecto Varela excluye a todo el que no haya vivido en la Isla por lo menos un año antes del propuesto referéndum.

El Proyecto Varela no pide la celebración de elecciones generales democráticas como las conocemos en el mundo libre para elegir desde el presidente de la república hasta los alcaldes y concejales sino elecciones a las Asambleas del Poder Popular que, por supuesto, es algo muy distinto. Fíjese que el punto #4 del Proyecto Varela pide una reforma a la Ley Electoral vigente para que cualquier cubano pueda aspirar a las Asambleas del Poder Popular y que entonces se celebren elecciones generales a esas asambleas en las que puedan aspirar hasta los disidentes. De hecho, el proponente del Proyecto Varela aspiró a la Asamblea del Poder Popular en 1992 y en 1997. Es necesario mencionar que las Asambleas del Poder Popular son instancias sin poder real alguno y sometidas al liderazgo y la autoridad del PARTIDO COMUNISTA que las orienta, dirige y supervisa. Basta decir que en sus 27 años de existencia, la Asamblea Nacional del Poder Popular jamás ha escrito o presentado ni una sola ley, su función se ha limitado a aprobar los proyectos de ley que le ha sometido el Consejo de Estado presidido por Fidel Castro. Por si fuera poco, la Asamblea Nacional solamente se reúne dos días dos veces al año. ¿Qué cambios democráticos podrían esperarse que salieran de reuniones o debates en sesiones tan ínfimas donde también estarían presente, en inmensa mayoría, los diputados del régimen?

Los defensores del Proyecto Varela quieren hacer creer que el proyecto es solo un primer paso para luego conseguir más cambios democráticos. ¿Cómo es posible que alguien pueda esperar cambios futuros cuando el Proyecto Varela deja a Fidel Castro y su camarilla en el poder; deja intacto el sistema unipartidista; deja en las manos del régimen el comercio, la banca y la industria, así como todos los privilegios políticos y económicos que disfrutan; mantiene intacto el sistema judicial que es un instrumento político del régimen para el encarcelamiento arbitrario de los opositores;

deja intactos los poderes del Ministerio del Interior y la Seguridad del Estado para acosar, perseguir, arrestar indefinidamente y hasta agredir a quien se le oponga; deja intacta la estructura de acoso, control y coacción política constituida por las llamadas organizaciones de masa como los Comites de Defensa de la Revolución, el Sindicato Oficial, las fuerzas paramilitares Brigadas de Respuesta Rápida y la Unión de Jóvenes Comunistas?

Finalmente, los proponentes del Proyecto Varela han expresado su oposición al embargo comercial de Estados Unidos, a la Ley Helms-Burton, así como a las restricciones de viaje al turismo norteamericano. Una vez aprobado el Proyecto Varela, lo más probable es que sus patrocinadores se unan al Gobierno para pedir la eliminación de esas medidas y que los europeos, ansiosos por preservar sus inversiones en la Isla, se les unan para forzar a E.U. a ceder. Con la justificación de que ya se han realizado reformas, Castro recibiría billones de dólares en créditos con los que podría reforzar y ampliar su Departamento de Seguridad del Estado y, por supuesto, pondría en practica contra los disidentes su usual estrategia de acoso, amenazas, chantajes y divisiones que conocemos bien. Bajo esta condiciones ¿puede esperar alguien que los disidentes logren reformas democráticas o más libertades? Difícilmente. Además, la atención de la prensa se centraría en la ola de inversionistas americanos llegando a Cuba. Lo más probable es que la Isla se convierta en la China del Caribe, con grandes corporaciones extranjeras, trabajo esclavo, pequeños comercios de los nacionales y poca o ninguna libertad ciudadana. ¿Es eso lo que queremos para Cuba? ".

El "documento" de arriba, un tanto impacientemente, pide cuentas, por el resto de los pasos que, sin dudas, habrían de seguirle a esta primera pisada en pos de la democratización de Cuba que es el *Proyecto Varela*. Es tan absurda la pretensión como lo sería el intentar recorrer un camino dando todos los pasos en el mismo instante.

Al final del texto está lo que más duele a sus firmante, que el Varela, consciente de como piensa un amplio sector de los cubanos (sean comunistas o no), se oponga al embargo de Estados Unidos contra la economía la Isla. Ese "crimen" basta para atraer el anatema de los firmantes. Una cosa es no estar de acuerdo con el levantamiento de un embargo de los dos que sufre Cuba (el externo y el interno), u opinar como el propio Payá, que su levantamiento en las condiciones actuales no traerá la democratización (como tampoco la trae su mantenimiento) y otra es carecer de la perspectiva necesaria para comprender lo que pasaría con una levantamiento de la medida en las condiciones de materialización del Varela. Entonces, sin la menor duda, los contactos internacionales, garantizada la participación popular directa en ellos, como el Varela demanda, socavarían de lleno, los vestigios de totalitarismo que pudiesen quedar en la Isla, y esta, lejos de convertirse en una nueva "China", se transformaría en la Suiza de las Américas.

Desgraciadamente, si la luz larga brilla es sólo por su ausencia en "El Proyecto Varela y los peligros que involucra". Todos los "¿por qué no?" de la nota en cuestión se anulan fácilmente con los contundentes y prácticamente demostrados "por qué sí" del *Proyecto Varela*:

- Venga el Varela, porque como ninguna otra iniciativa de la oposición, sí ha ayudado a darle el reconocimiento internacional que nuestro movimiento democrático interno necesitaba.

- Venga el Varela, porque sí ha obligado al régimen a hacer costosas maniobras políticas, (faraónicas movilizaciones de adeptos y reajustes arbitrarios de la Constitución oficial) que lo único que han servido es para acentuar su aislamiento y desacreditarle aún más ante el mundo y el pueblo.

- Venga el Varela, porque con las miles de firmas que ha recaudado está convirtiendo a los cubanos de la Isla en protagonistas de su historia.

- Venga el Varela, porque con la oportunidad que nos ofrece de respaldarlo, difundirlo y representarlo en el ámbito internacional también convierte a los desterrados, no importa su ideología, en protagonista de los cambios necesarios de la patria.

- Venga el Varela, porque ha mostrado ser un método de lucha hasta para quienes no le comparten dentro de la Isla, como es el caso de los que acuden a la misma Constitución oficial, al estilo de los varelistas, para denunciar las irregularidades del último proceso electoral e iniciar un proceso judicial contra estas infracciones, apoyados en la que para entonces era la vigente Ley Electoral[24] o como hizo *La Mesa de Reflexión de la Oposición Moderada* (MROM),

---

[24] Ver en *Cubanet* (wwww.cubanet.org) del 23 de enero "Denuncian disidentes irregularidades en las elecciones generales", Lux Info Press.

un grupo disidente en Cuba allegado a la socialdemocracia, que
al estilo del Varela y en saludable emulación con este, comenzó a
recaudar miles de firmas para la "Carta de Derechos y Deberes
Ciudadanos" con el fin de fomentar la participación de los cubanos en ese tema[25].

No me cabe la menor duda de que quienes firman esto panfletos
contra el Varela son enemigos radicales de Fidel Castro, pero tampoco de que sus "puntos de vistas" no se diseminan gratuitamente
por el mundo y menos sin la complacencia del mismo individuo que
pretenden "combatir". No guardo el menor recelo en reconocer lo
bien que en tal dirección deben trabajar los infiltrados del régimen
en la diáspora, pues tengo la convicción de saben echarle leña al
fuego de la desunión de los cubanos, como en este caso, de que actúan desde la sombra de la supuesta amistad manipulando y dejando
caer a los "asesores de organizaciones duras" (sin que estos se perca-
ten), ideas tan "auténticas" y "geniales" como las expresadas en EL
PROYECTO VARELA Y LOS PELIGROS QUE INVOLUCRA,
induciéndoles a destruir desde la retaguardia el arma más contun-
dente contra la dictadura que ahora tiene el movimiento democrático en Cuba, el *Proyecto Varela*. Estos "iluminados", ni cortos ni
perezosos, corren con la "ultima" a sus directivas, las que, alienadas
en sus problemas cotidianos y desconectadas de la dinámica cubana,
no vacilan en subscribir (como suyas), las tesis exactas que el totalitarismo necesita que sean diseminadas. No puede haber, desde mi
punto de vista otra explicación a tanta ceguera compartida entre
personas más o menos ilustradas.

Así la gloria de Payá y quienes le secundan en la materialización
del Varela se duplica; están luchando contra la represión de frente,
y a la espalda, unas veces contra la envidia, otras contra la ignorancia y en la mayoría de los casos; la mala fe y la estulticia de un sector del exilio cada vez más reducido, el de los vencidos por el tiempo y el desarraigo.

En la fecha en que se escribe este texto ya el Gobierno cubano
había maniobrado en respuesta al Varela reformando la

---

[25] Ver en *El Nuevo Herald*, agosto 21 de 2002; "Proponen un debate nacional
sobre los derechos ciudadanos".

Constitución, reduciendo los mínimos espacios que formalmente otorgaban al pueblo cubano la posibilidad de tomar iniciativas y participar así en la vida política del país. Ha sido una victoria pírrica del régimen en tanto sus tesis "constitucionalistas" han sido reducidas al absurdo.

Oswaldo Payá entregando a la Asamblea Nacional del Poder Popular el *Proyecto Varela*.

En su artículo "Varela Continúa" firmado por Oswaldo Payá en La Habana el 10 de mayo de 2004, el líder opositor daba cuenta del enorme apoyo popular que para entonces tenía el Proyecto, constatable en las más de 25.000 firmas de electores apoyándolo y que se habían presentado al Gobierno. Así mismo, anuncia el inicio dentro y fuera de la Cuba del Diálogo Nacional que se realizará con la participación de todos los cubanos que lo deseen, formando Círculos de Reflexión y Diálogo que en este importante documento se enuncian:

"No corresponde, ni aceptamos que ningún factor externo, sea de los Estados Unidos de América, de Europa o de cualquier parte, trate de diseñar el proceso de transición cubano o, supuestamente, convertirse en actor del mismo. Corresponde a los cubanos realizar los cambios. Es en este Diálogo Nacional entre cubanos, que ahora iniciaremos, donde se diseñará el proceso de Transición para Cuba. Es la movilización ciudadana, que ya está en marcha con la campaña del *Proyecto Varela*, la que hará realidad esa transición pacífica. Reiteramos que lo que Cuba necesita es la solidaridad con esta campaña ciudadana por el Referendo y el Diálogo Nacional, en la que los cubanos son los únicos protagonistas, y también el apoyo a la liberación de los prisioneros de todos los prisioneros políticos"[26].

Esta es la última gloria que reconocemos a los impulsores del Varela, la de continuar contra viento y marea con un proyecto soberano, que sin renunciar a la solidaridad internacional, se propone convertir a los ciudadanos cubanos en partícipes soberanos en la forja de su destino.

---

[26] Ver de Oswaldo Payá en *Cuba Nuestra*; "El Varela continúa" [http://www.cubanuestra.nu/web/article.asp?artID=1947].

CAPÍTULO VIII
¿SOCIALISMO IRREVOCABLE EN CUBA? "OK"

Ni en dioses, reyes ni tribunos, está el supremo salvador. Nosotros mismos realicemos el esfuerzo redentor. Para hacer que el tirano caiga y el mundo siervo liberar, soplemos la potente fragua, que el hombre libre ha de forjar

La Internacional

Stalin, Capitán, a quien Changó proteja y a quien resguarde Ochún... A tu lado, cantando, los hombres libres van: el chino, que respira con pulmón de volcán, el negro, de ojos blancos y barbas de betún, el blanco, de ojos verdes y barbas de azafrán... ¡Stalin, Capitán, los pueblos que despierten junto a ti marcharán!

Una canción a Stalin, Nicolás Guillén

Megamarchas, días de asueto, reforma constitucional[27] y la declaración de un "socialismo irrevocable" con que el régimen de Cuba se enfrentó al proyecto de referéndum popular titulado

---

[27] Ver Ricardo Alarcón de Quesada, presidente de la Asamblea Nacional del Poder Popular: Ley de Reforma Constitucional dada en la Sala de Sesiones de la Asamblea Nacional del Poder Popular, Palacio de las Convenciones, Ciudad de La Habana, a los 26 días del mes de junio de 2002.
[http://www.georgetown.edu/pdba/Constitutions/Cuba/ref02.html]

Varela, ha dejado en el desconcierto a más de un opositor. Sin embargo, la respuesta, serena, "técnica", a la maniobra oficialista tampoco se hizo esperar. La dio acertadamente el economista independiente, Óscar Espinosa Chepe con el artículo "¿Existe el socialismo en Cuba?"[28] desarmó de un plumazo y sin el menor revuelo, la última parafernalia jurídico-espectacular con la que el régimen cubano intentaba legitimarse por entonces. El economista independiente, con profundo conocimiento de causa, colocó su dedo en la llaga más dolorosa cuando escribió:

> "En primer término, la propiedad social sobre la tierra, las fábricas y otros medios de producción nunca han estado vigente, sino que ellos fueron ocupados para colocarlos bajo el poder del Estado que, en lugar de constituir un efectivo instrumento de la sociedad, propiciador del desarrollo y la prosperidad, se convirtió en un inmenso aparato burocrático, que lejos de servirla se tornó amo incontrolable".

Óscar Espinosa Chepe.
Foto cedida por Miriam Leiva, esposa de Espinosa.

La nota, por lo didáctica, se convierte en un verdadero cascabel ideológico para el felino que desde La Habana confunde por décadas, con sus cánticos "socialistoides", a tantos idealistas en todo el mundo. Tales engatusados constituyen una de las fuerzas fundamentales con las que se sostiene la dictadura cubana. El economista

---

[28] Puede verse en http://www.cubanet.org/CNews/y02/jul02/05a7.htm

independiente, desarma la falacia fundamental sobre la que se sostiene la contrarreforma de la "irrevocabilidad del socialismo", pues nos demuestra que no hay nada que "irrevocar" en la Isla.

El 11 de julio de ese mismo 2002, a las 17:30 horas de Cuba, Chepe volvió a la carga con sus tesis sobre el socialismo cubano, ahora acompañado del socialdemócrata e indomable opositor Vladimiro Roca. Los dos, desde Cuba y con el coraje cívico que les caracteriza, debatieron para *Radio Martí* el contenido del artículo mencionado, sentando una verdadera cátedra sobre socialismo para la audiencia nacional.

Sus palabras no debieron haber gustado mucho ni en La Habana, ni en Miami, ciudad donde el espíritu antisocialista, no es menos común que el antidemocrático del poder en Cuba. De todos modos, en franco distanciamiento de su línea editorial, *Radio Martí* se convirtió en una auténtica tribuna socialista. Chepe y Roca, duplicaron ese día su condición de disidentes, exponiendo puntos de vista que difícilmente coinciden con los del Gobierno de Estados Unidos y lanzando al éter verdades prohibidas en su patria, pero incuestionables para todo el que conozca el *abc* de la teoría socialista.

Los disidentes debatieron con profundidad el tema del régimen democrático como premisa esencial para la existencia del verdadero socialismo. Chepe tomó de ejemplo la democracia que se aplica en los países escandinavos para administrar la riqueza pública. Denunciaron además la falta en Cuba de aquella correspondencia entre lo que el hombre aporta a la sociedad y lo que de ella recibe, planteada por Marx como una característica, en teoría, de la primera etapa del desarrollo socialista. Los comentaristas, denunciaron a sí mismo el grado de explotación que sufren los trabajadores de la Isla, especialmente los profesionales. En otro momento Roca y Chepe cuestionaron la existencia de una verdadera medicina y educación "gratuitas" en la Isla. Roca citó a los clásicos del marxismo cuando definían la sociedad socialista como una "asociación de productores libres", lo cual no coincide con lo que se ve hoy en Cuba. Para redondear lo planteado a nuestro pueblo por los dos expertos en socialismo traigamos a colación un fragmento de los llamados *Manuscritos económicos y filosóficos de 1844*, donde el joven Marx

define que entiende por el trabajo enajenado, una de las caracterís-
ticas del capitalismo, sin dudas salvaje, de su época:

> "¿En qué consiste, entonces, la enajenación del trabajo?
> Primeramente en que el trabajo es externo al trabajador, es decir,
> no pertenece a su ser; en que en su trabajo, el trabajador no se afir-
> ma, sino que se niega; no se siente feliz, sino desgraciado; no des-
> arrolla una libre energía física y espiritual, sino que mortifica su
> cuerpo y arruina su espíritu. Por eso el trabajador sólo se siente en
> sí fuera del trabajo, y en el trabajo fuera de sí. Está en lo suyo cuan-
> do no trabaja y cuando trabaja no está en lo suyo. Su trabajo no es,
> así, voluntario, sino forzado, trabajo forzado. Por eso no es la satis-
> facción de una necesidad, sino solamente un medio para satisfacer
> las necesidades fuera del trabajo. Su carácter extraño se evidencia
> claramente en el hecho de que tan pronto como no existe una coac-
> ción física o de cualquier otro tipo se huye del trabajo como de la
> peste. El trabajo externo, el trabajo en que el hombre se enajena, es
> un trabajo de autosacrificio, de ascetismo. En último término, para
> el trabajador se muestra la exterioridad del trabajo en que éste no
> es suyo, sino de otro, que no le pertenece; en que cuando está en él
> no se pertenece a si mismo, sino a otro. Así como en la religión la
> actividad propia de la fantasía humana, de la mente y del corazón
> humanos, actúan sobre el individuo independientemente de él, es
> decir, como una actividad extraña, divina o diabólica, así también
> la actividad del trabajador no es su propia actividad. Pertenece a
> otro, es la pérdida de sí mismo".

¿No encaja perfectamente la descripción anterior en la tarea de
exponer lo que sufre hoy la clase obrera cubana?. A simple vista nos
percatamos, ayudados por el propio Marx, que el proletariado cubano, comparado con sus camaradas decimonónicos europeos, no ha
mejorado de situación, más bien se acerca al estado de depauperación de aquellos. He ahí un buen tema de reflexión para todos los
que afirman que el régimen imperante en Cuba es socialista y por
tanto un paso de avance en relación con el capitalismo clásico.
Desgraciadamente, no sólo a las masas adoctrinadas y desinformadas
en la Isla, sino también a muchos opositores al castrismo, en el exterior les resulta más fácil (o conveniente) dar crédito al "Comandante
en Jefe" cuando declara a su régimen "socialista", que cuestionar este
enunciado como una más de las tanta afirmación falsas de Fidel
Castro. Quizás de tanto escucharlas en sus adversarios, hayan creído

la mentira, repetida mil veces en Cuba y en el mundo por el llamado *movimiento de solidaridad con Cuba*, de que el problema de Cuba es, hoy por hoy, resultado del enfrentamiento entre el "capitalismo" y el "socialismo".

En realidad nada es más conveniente al capitalismo internacional que un sistema como el cubano, ejemplo de obreros adocenados, proveedor de productos y servicios baratos al mercado internacional (más por cuenta de la superexplotación de nuestros trabajadores, que por un alto nivel tecnológico o de organización productiva) y con el que se hacen negocios millonarios, propios del comercio con una transnacional.

Los ideólogos de La Habana, con su astucia innegable y con su labor de penetración, han logrado que un sector, tan radical como poco ilustrado ideológicamente del exilio, se haga eco de aquellas tesis que más le conviene al castrismo. Como auténticos profesionales de la propaganda han logrado llevar la "lucha de ideas" (más bien de consignas) al terreno y las reglas de juego que favorece a la dictadura, colocando la pelea en condiciones que más aliados le concede al Gobierno cubano y más enemigos garantiza a sus opositores. Esto es lo que explica (sin desconocer la atractiva retórica "justicialista" de Castro) que mientras en Cuba la izquierda es reprimida con mano dura, en el mundo, el castrismo siga contando con el respaldo de las mas variadas tendencias socialistas.

Sin dudas hay algo de responsabilidad en esa masa socialista al permitirse estar desinformada sobre la naturaleza antisocial del régimen cubano. Pero tal confusión también se nutre de los mensajes emitidos por los anticomunistas más "duros" del exilio, sus diatribas indiscriminadas contra todo lo que suene a "socialismo", y que el mismo régimen de La Habana reproduce a más no poder en los medios de comunicación bajo su control; libros, periódicos, películas, programas de radio y televisión, conferencias, etc. Estos "opositores" que parece ser mas antisocialistas que democráticos, actúan cual si fuesen los mejores aliados del régimen cubano. Le entregan la bandera socialista a Castro, quien la agitará con su favor alegremente. Luego atacan ciegamente al "socialismo" en abstracto por ser la "bandera" que Castro enarbola.

Así, el círculo vicioso se cierra y fortalece cada vez más. Para desatar este nudo, los opositores necesitan de un buen mapa de las diferentes "regiones" del socialismo. Sólo así comprenderán que en ellas la práctica castrista apenas tiene cabida. Es importante también reconocer las divergencias entre los distintos socialismos y los carices que estas diferencias han tomado; desde la simple polémica ideológica hasta la confrontación armada, donde no ha faltado la violencia individual ni tampoco el terrorismo de Estado.

A simple vista podríamos dividir las tendencias socialistas, a partir del tronco de los grandes utopistas (Tomas Moro, Tomás Campanella...) en dos campos fundamentales: el de los socialistas con raíces en el marxismo y el de los no marxistas desde sus orígenes. Los marxistas a su vez se bifurcan en una línea "revolucionaria", con fuerte tendencia dictatorial, que parte de Lenin, y que genera el trotskismo y el estalinismo (en sus más variadas formas: maoísmo, castrismo etc.), y una línea reformista y democrática, encarnada en la socialdemocracia contemporánea.

Por su parte entre los socialismos no marxistas contamos con el anarquismo, los socialistas fabianos ingleses, y diversas expresiones de socialismo religioso o nacional. Es conveniente acotar lo cuestionable del carácter "socialista" del estalinismo. Los parientes cercanos de Stalin; Lenin y Trotsky tiene en favor de su concepción, el atenuante de que fueron tempranamente apartados del poder, apenas iniciado el experimento bolchevique, uno por enfermedad y otro por la intriga política. Stalin pudo desarrollar las bases de lo que consideraba un "socialismo en un solo país". Haciéndonos un tanto los de la vista gorda con sus terribles excesos políticos en la práctica, podríamos atribuirle a Lenin y Trotsky desde un punto de vista ortodoxo y marxista, una teoría de la toma del poder, al segundo incluso, una reflexión interesante de la degeneración de la revolución bolchevique a manos del estalinismo. En cuanto al modelo estalinista, si lo analizamos tanto en sus transacciones internacionales con los países capitalistas, como en la conformación de una nueva clase explotadora interna —magistralmente descrita por George Orwell en su "Rebelión en la granja"—, encontraremos gran similitud con el capitalismo temprano al que criticaba Marx cuando escribía en sus manuscritos de 1844:

> "Con la misma Economía Política, con sus mismas palabras, hemos demostrado que el trabajador queda rebajado a mercancía, a la más miserable de todas las mercancías; que la miseria del obrero está en razón inversa de la potencia y magnitud de su producción; que el resultado necesario de la competencia es la acumulación del capital en pocas manos, es decir, la más terrible reconstitución de los monopolios; que, por último; desaparece la diferencia entre capitalistas y terratenientes, entre campesino y obrero fabril, y la sociedad toda ha de quedar dividida en las dos clases de propietarios y obreros desposeídos".

Tras 44 años de experimentos neoestalinistas en Cuba, no es por ese pseudo-socialismo por el que aboga la nueva izquierda cubana. En mayor o menor medida, nuestra oposición socialista, tanto en la Isla como en la diáspora; los libertarios, la agrupaciones integradas en el Arco Progresista, y el Partido Social Revolucionario Democrático Cubano[29], entre otras organizaciones e individualidades, beben, junto a otras fuentes, de la revisión de la teoría marxista iniciada a principios del pasado siglo por Eduard Bernstein (1850-1932). Se trata de una figura prominente del Partido Socialdemócrata Alemán, quien escapando de las leyes antisocialistas de Otto von Bismarck (1878-1890) debió exiliarse en Inglaterra donde vivió 20 años. Allí, Eduard Berstein, conoció personalmente a Marx y Engels, les consideró menos dogmáticos de lo que eran sus seguidores del continente, pero no por ello dejo de cuestionarles. El exiliado recibió por demás la influencia de los Socialistas Fabianos, quienes favorecían la transformación gradual como la mejor estrategia para crear una sociedad socialista en Inglaterra. La Sociedad Fabiana había sido fundada en 1884 tomando su nombre del caudillo romano Fabio Máximo, conocido como "El Contemporizador", por su táctica expectante en la guerra contra Aníbal. La Sociedad estaba compuesta por renombrados intelectuales y científicos. En 1900, la Sociedad Fabiana ingresó en el laborismo inglés, constituyendo una de las fuentes ideológicas de su partido. Como los fabia-

---

[29] Para más información sobre los socialrevolucionarios cubanos recomendamos visitar su revista digital en http://www.psrdc.org/.

nos, anatemizados posteriormente por Lenin como "oportunistas", Bernstein arribó a la idea de que la vía evolucionista hacia el socialismo era moral y políticamente preferible antes de la vía violenta y revolucionaria. El revisionismo de Bernstein tiene un fuerte de carácter ético. En general, los marxistas subvaloraban el aspecto ético de su lucha por el socialismo. Era el resultado de los postulados sostenidos por Marx acerca de la dependencia que los valores éticos, como parte de la superestructura ideológica de la sociedad, tienen de la base económica. En el primer capítulo de *La Ideología Alemana* Karl Marx y Friedrich Engels habían escrito:

"La producción de las ideas, las representaciones y la conciencia aparece, al principio, directamente entrelazada con la actividad material y el trato material de los hombres, como el lenguaje de la vida real. La formación de las ideas, el pensamiento, el trato espiritual de los hombres se presentan aquí todavía como emanación directa de su comportamiento material. Y lo mismo ocurre con la producción espiritual, tal y como se manifiesta en el lenguaje de la política, de las leyes, de la moral, de la religión, de la metafísica, etc, de un pueblo. Los hombres son los productores de sus representaciones, de sus ideas, pero se trata de hombres reales y activos tal y como se hallan condicionados por un determinado desarrollo de sus fuerzas productivas y por el trato que les corresponde, hasta llegar a sus formas más lejanas".

Así pues, una lectura muy común entre los marxistas reduce las concepciones éticas a su dependencia de factores no éticos, de tal modo ellas solo pueden ser efectos, pero no causas de acciones e instituciones sociales, de aquí al Maquiavelismo bolchevique no hay más que un paso. Bernstein, en su comprensión de la moral prefiere basarse en otro filosofo, el célebre Emmanuel Kant (1724-1804). Este pensador, también alemán, acepta la existencia de leyes morales al margen de causas e influencias externas:

"Dos cosas llenan el ánimo de admiración y respeto, siempre nuevos y crecientes, cuando con más frecuencia y aplicación se ocupa de ellas la reflexión: el cielo estrellado sobre y la ley moral en mí. Ambas cosas no he de buscarlas ni como conjeturarlas, cual si estuvieran envueltas en oscuridades, en lo trascendente fuera de mi horizonte; ante mí las veo y las enlazo inmediatamente con la conciencia de mi existencia. La primera empieza en el lugar que yo ocupo en el mundo exterior sensible y ensancha la conexión en que me encuentro con magnitud incalculable de mundos sobre mundos y sistemas de sistemas; en los ilimitados tiempos de un periódico movimiento. De su comienzo y de su duración. La segunda empieza en mi invisible yo, en mi personalidad, y me expone en un mundo que tiene verdadera infinidad, pero sólo penetrable por el entendimiento y con el cual me reconozco (y por ende también con todos aquellos mundos visibles) en una conexión universal y necesaria, no sólo contingente como en aquel otro. El primer espectáculo de una multitud de mundos aniquila, por decirlo así, mi importancia como criatura animal que tiene que devolver al planeta (un mero punto en el universo) la materia de que fue hecho después de haber sido provisto (no se sabe cómo)por un corto tiempo, de fuerza vital. El segundo, en cambio eleva mi valor como inteligencia infinitamente por medio de mi personalidad, en la cual la ley moral me descubre una vida independiente de la animalidad y aún de todo el mundo sensible, al menos en cuanto ser, puede inferir de la determinación conforme a un fin que recibe mi existencia por esa ley que no está limitada a condiciones y límites de esta vida, sino que va a lo infinito".

Bernstein, como Kant, le concede al individuo la libertad de la acción moral responsable y como su compatriota y filósofo, parte del principio según el cual toda acción moral responsable debe tomar al individuo como un fin en sí mismo y nunca como un instrumento. Uno de los aspectos que más preocupaba a Bernstein era la relación que se da en la política entre los fines y los medios, cuestión que parece soslayar algunos de los más intransigentes exiliados cuando proponen sus métodos contra Castro. Estos cubanos, caen en el mismo error que los marxistas contemporáneos a Bernstein para los que el problema se solucionaba simplemente con la superioridad moral de la sociedad comunista, en el caso de los intransigentes de Cuba, la disquisición moral sobre los medios no tiene sentido frente a los valores axiológicos de la restauración de la Cuba "republicana". Así mismo, los marxistas, concentrados en el advenimiento del comunismo como un fin supremo, se desentendían de la moralidad o la inmoralidad de los medios usados para lograrlo. Para Bernstein, por el contrario, el objetivo final, el socialismo, no era lo más importante sino el movimiento hacia él. Consideraba pues que los socialistas estaban obligados a valorar la moralidad de las vías usadas para establecer el socialismo. Entendía que una sociedad nacida de la sangre y la violencia, no puede ser pacifica y democrática, como sí lo sería una construida por vías no violentas, que la sociedad justa no puede crearse con medios injustos como no se puede crear una sociedad democrática con medios no democráticos. Por supuesto, para el alemán Eduard Bernstein ayer, como para los cubanos Vladimiro Roca y Óscar Espinosa Chepe hoy, el socialismo sin democracia resulta un sinsentido. La crítica de Bernstein al marxismo no sólo fue de carácter ético sino político. El revisionista cuestiona las predicciones de Marx, basándose en las transformaciones acaecidas en los últimos años del siglo XIX y principios del XX; el movimiento obrero había crecido en Occidente, los partidos socialistas se habían fortalecido y por tanto se hacía posible llegar al parlamento y desde allí promover leyes favorables a la clase obrera, aquí estaba según el pensador alemán, la posibilidad de una transición pacifica al socialismo. También los cambios en la economía minaban las predicciones de *El Capital*. Bernstein tomó nota de que en lugar de la depauperación cada vez mas acentuada de las masas, como había pronosticado Marx, las estadísticas demostraban una clase obrera cuyos ingresos mejoraba día a día, y sus ingresos en buena medida gracias a los éxitos de las luchas sindicales. Tomando en cuenta lo anterior se arriba fácilmente a la conclusión de que el problema cubano, no tiene nada que ver con el "socialismo", ni tampoco se da un cambio de esencia en el régimen, por la proclamación de su "eternidad". ¿Es más, acaso cambió de naturaleza la tragedia del pueblo chino con el tránsito de una economía de monopolio personal estatalista (como definió Roca en el debate a la cubana) a una economía de mercado (capitalista) y con el indiscutible mejoramiento de sus condiciones de vida que trae esto aparejado?.

El problema tanto para China como para Cuba sigue siendo el de enfrentamiento entre el poder del demos y el de una oligarquía, sea en condiciones de propiedad privada o estatal, la sangre derramada en La Plaza de Tiananmen (Plaza del Cielo) por cientos de estudiantes en una sociedad prácticamente de mercado (capitalista) o la muerte bajo tortura de los pacíficos neo-budistas de Falun Gong; vale tanto como la de los millones de ciudadanos chinos exterminados (muchos de ellos viejos cuadros comunistas) por el incurable estalinista de Mao, bajo un régimen de economía centralizada, mal llamada "socialista".

El problema fundamental de Cuba radica en que en ella se violan los derechos de todos los ciudadanos y en que no existe espacio para la búsqueda de ninguna alternativa, incluida la socialista. Al mismo tiempo, aquí radica el punto débil del sistema y la palanca de Arquímedes de sus opositores pacíficos, pues este estado de cosas nunca podrá ser sancionado explícitamente, por ello, por muy cínicos que sean los redactores de la Constitución cubana, deben recurrir a evidentes desviaciones semánticas y legales.

En esta brecha entre la Constitución real y formal del país, la oposición, sobre todo la socialista, tiene mucho por hacer para que Castro no siga desviando la discusión a un tema doctrinal impertinente, que le permite ganar aliados entre todos aquellos que en el mundo, de una forma mas o menos mística, colocan en el sueño socialista la natural vocación utópica que tenemos todos los humanos. Quienes desde la oposición se toman en serio, ya por ignorancia, ya por la conveniencia ideológica, la afirmación Castrista de que el desastre que existe en Cuba es lo que los socialistas de todos los tiempos tenían en mente para su pueblo, le están haciendo un flaco favor al sufrido pueblo de Cuba, aun cuando con ello intenten agregar argumentos al debate teórico sobre la aceptabilidad o no de la presencia estatal en la economía y los servicios, o la preponderancia de lo colectivo sobre lo individual.

Gana Fidel Castro cuando lo que debería en todo momento quedar como una cruzada por la libertad de Cuba, se convierte en una cruzada contra todo lo que se llame "socialismo", e identificando con el modelo castrista, posturas tan enfrentadas como son las socialdemócratas, las libertarias o las trotskistas. Una nueva misión tiene la nueva izquierda cubana, con su discurso de respeto por los derechos humanos; hacer como los promotores del *Proyecto Varela*, y le tomaron la palabra a Castro, para reducir al absurdo su imperfecta constitución.

¿Que el comandante proclama ahora al socialismo irrevocable?
Ese es el "brazo político" que sólo la oposición socialista está en condiciones de atrapar y aplicarle al sistema un "ipon seoi nage" (técnica de proyección sobre el hombro aplicada en judo), emplazándole
a que coloque a la base más elemental de esa "irrevocabilidad"
(ahora constitucional), la existencia del socialismo como tiene que
ser; como la república soñada por Martí, "con todos y para el bien de
todos", que no degenere en nuevas castas explotadoras, persuasiva
por sus resultados prácticos, no impuesto por la manipulación o el
terror.

No será fácil alcanzar este objetivo, teniendo los socialistas cubanos que enfrentarse a un régimen bismarckiano como el que impera en Cuba, tendrán que hacer gala de una apasionada entrega y una
capacidad de liderazgo al estilo de Robert Owen, aquel empresario
noble devenido en patriarca del movimiento cooperativo y los *trade
unions* ingleses, usar una imaginación y una vocación para la liberación de los individuos como la que desplegaba Charles Fourier cuando soñaba sus idílicos falansterios, y concebir una sociedad productiva, libre de parásitos, como aquella de los "industriales" propuesta
por Saint Simon, deberán deshacerse de todo lo malo, y rescatar
todo lo bueno creado por el movimiento socialista en sus casi dos
siglos de existencia, sin renunciar jamás a aquella estrofa de la
Internacional que nos previene contra "dioses", "reyes", "tribunos",
y "salvadores" al estilo del "Comandante en Jefe".

CAPÍTULO IX

PALABRA DE ORDEN:
"DESNORTEAMERICANIZAR" EL PROBLEMA CUBANO

Recuerdo, aunque que era un niño, cuando se puso en boga en la prensa cubana, allá por los setenta, definir cierto momento de política norteamericana en Vietnam como la "vietnamización de la guerra". Desconozco si del mismo modo se refiriesen a la estrategia los encargados de ejecutarla (en caso de que fuera real) desde USA, lo cierto es que lo que de algún modo podría ser entendido de esta política, así definida, sería la disminución de la presencia norteamericana en el país indochino, su "desnorteamericanización". También connotaba el mensaje de que la guerra no había sido asta el momento "vietnamita", es decir, un enfrentamiento con los anamitas (apoyada una parte por USA) sino una guerra de USA contra todos ellos, en otras palabras se escamoteaba al lector el factor interno de la confrontación, la lucha que se había dado desde el primer momento entre nativos estalinistas y no estalinista por el poder, tanto en el norte como en el sur.

De alguna manera, la palabra "vietnamización" quedó guardada en el saco mental de mis paradigmas y ella ayudó a parir una que encajaría perfectamente para expresar lo que considero será una parte fundamental de la solución del problema cubano el día que se materialice; la "desnorteamericanización". Así lo he dicho por años, conciente incluso de que el embargo de Estados Unidos es un problema, pero no "El Problema" de Cuba y que como dice a menudo el Premio Sájarov, Oswaldo Payá, su levantamiento no implicará la caída (por lo menos inmediata) del régimen.

Más allá de toda enunciación "patriótica" sobre la impertinencia de la presencia norteamericana en la desavenencias entre los comunistas cubanos y quienes no lo son, más allá de la reflexión ética sobre las consecuencias del embargo para la economía de Cuba, y su repercusión mediatizada sobre la vida diaria de los cubanos, está claro él magnífico uso que el régimen cubano hace del "yanquee"; a través de sus redes internacionales, socios comerciales, clientes políticos, asociaciones de solidaridad, periodistas, etc. El factor USA en el debate sobre el régimen que sufre el pueblo de Cuba se ha convertido en la mejor arma de quienes intentan encontrar una razón de ser a la dictadura que pesa sobre los cubanos durante más de cuarenta años.

Veamos en un caso concreto la inspiración que reciben de la "norteamericanización" del problema los agentes del comunismo cubano: la lista de discusión "bolivia-política" se ha convertido en un verdadero antro del castrismo más rancio. Allí te encuentras las criaturas más curiosas y contradictorias; un enemigo de las injerencias foráneas que no vacila en pedir públicamente lo que llama " apoyos logísticos" al consulado de Cuba en su país con el fin de respaldar campañas de un gobierno extranjero; supuestos "pacifistas" que defienden el guerrerismo de las FARC contra el Estado, las instituciones democráticas y la indefensa población civil de Colombia; sufridos, perseguidos por dictaduras militares que aplauden el carácter cada vez más represivo y militarista que toma el régimen del antiguo golpista de Chávez; hombres y mujeres "nuevos" (en el sentido espartano que quiso darle Ernesto Guevara al viejo termino cristiano) que defienden descaradamente a los productores y a los traficantes de coca; luchadores por los derechos humanos que no vacilan en burlarse de la persecución que sufren quienes defienden esos mismos derechos en Cuba; enemigos del capitalismo y "profundos" teóricos de la economía política del socialismo incapaces de percibir la falta absoluta en Cuba de todo lo que proclaman los idílicos manuales de comunismo y sobre todo, ciegos y sordos ante la explotación despiadada de los obreros de ese país en función de los intereses del mercado internacional y la misma globalización a la que dicen "atacar".

Quien esté al tanto de los problemas de Cuba y desee conocer como operan los resonadores de La Habana en la manipulación de las conciencias, como se tergiversa la realidad cubana sólo tiene que subscribirse a esta lista mandando un mensaje a bolivia-politica-subscribe@yahoogroups.com. La experiencia es interesante al margen de constituir una oportunidad para probar la fuerza de nuestras verdades ante la agresividad de sus mentiras. De la lista nos llegó, entre otra muchas por el estilo, una nota cuyo autor denominaremos como "D". Ella nos ayudará a caracterizar las tácticas de estos "faunos" ideológicos. Reproduzcamos un fragmento:

> "[...] estás a 30.000 Kilómetros de donde está la papaya, algunos son más valientes, sólo están a 90 millas para ver si la guerra de otros les resuelve su problema. Saludos, Maestro del dislate y de la valentía, de "Cuba pa nosotros" pero que nos la den los gringos".

El mismo personaje, en un intento inconsciente de arrebatarnos el "honroso" título que nos otorga demuestra su maestría en dislates al escribir en otra parte con ínfulas de "tolerante":

> "Ahora bien: Todos aquellos que hablen o empiecen a hablar de Reconciliación Nacional de todos los Cubanos, sin injerencias extranjeras, cuentan, con mi apoyo, respeto y simpatía".

"D" conoce perfectamente la posición de nuestra revista en contra del embargo como manifestación concreta de la contaminación norteamericana del problema de Cuba, sabe de nuestros llamados al diálogo y la reconciliación pacífica entre todos los cubanos[30] sin embargo insiste en la mentira de asociarnos públicamente con la opción "norteamericanista" que defiende un sector de los exiliados como parte de la solución del problema cubano. Habla a tontas y

---

[30] Ver entre otras notas publicadas en la versión digital de *Cuba Nuestra* [www.cubanuestra.nu]: *Iniciemos un diálogo por Cuba,¡Hagamos como dijo Jesús!, Reivindiquemos un diálogo con dignidad en la III Conferencia "La Nación y la Emigración"*, *Nos veremos todos en la República de mañana: A propósito del Centenario de la República de Cuba·*.

locas de "guerra" y "gringos" por los que nunca hemos apostado cuando de Cuba tratamos. ¿Por qué lo hace? ¿Por qué asume el riesgo del quedar en el desprestigio si tenemos en cuenta lo fácil que resulta demostrar su tergiversación de nuestras posiciones?: lo hace por la ganancia inmediata que le otorga la confusión sobre el tema. Su virulencia muestra algo más que la proverbial inconsecuencia ideológica del castrismo moderno, responde a la estrategia inmoral de engañar hasta a los propios correligionarios, es decir, militantes de la izquierda, con respecto a las distintas posiciones que sostienen quienes trabajan por la democratización y el respeto de los derechos humanos en Cuba.

Confundiendo al resto de los miembros de la lista sobre nuestra posición, el activista castrista intenta infructuosamente buscarle *Cuba Nuestra* enemigos de más al mensaje de reconciliación y transición pacífica de, ese que es —aunque la intransigencia lo dude— el que más teme a la dictadura cubana y sus acólitos en todo el mundo.

En este caso, "D", la voz sureña de Castro, tiene que esforzarse en mentir, y como decimos arriba resulta fácil colocarle en el descrédito (de hecho lo hacemos en este momento) Pero ¿qué habría ocurrido de referirse el vocero autoritario, no a los hijos rebeldes de la revolución (como definimos a quienes representan en Suecia *Cuba Nuestra*), sino a uno de esos grupos de exiliados históricos que sí apuestan por la carta norteamericana?: el tal "D" encontraría trillado el camino para su propaganda, habría dado con su mejor aliado: el fundamentalista anticastrista, tan similar al castrista en sus reacciones y modos de considerar las soluciones a los problemas históricos.

Vivimos en tiempos en los que no es fácil encontrar partidarios del sistema imperante en la Isla de Cuba, pero sí de quienes se opongan activamente a los EE.UU, vista la potencia por muchos con una mezcla de envidia y admiración, pero sobre todo como un "gran hermano" que controla al mundo y hace y deshace según sus intereses. En tal caso, quien sea objeto (o sea haga pasar por objeto) de la mala voluntad de Estados Unidos, llámese Sadam o Castro, se convierte automáticamente en motivo de compasión cuando no de admiración e idolatría de los millones de antinorteamericanos que guarda el mundo.

Consciente del flaco servicio que hacen a la causa de Cuba los nortamericanófilos, envié hace algún tiempo una nota [Globalizar la solidaridad con la oposición] a la revista sueca Latinamerika (Latinoamerica) sobre la necesidad desamericanizar el conflicto entre Castro y el pueblo de Cuba. Como no recuerdo haber leído en otro espacio el termino "desnorteamericanizar" con el sentido que usé en aquella ocasión agradeceré al lector que lo haya visto antes que me envíe la referencia, so pena de enriquecer mi vanidad.

Me honro en haber hablado hace tiempo de desnorteamericanizar, sobre todo después de escuchar las declaraciones de Paya Sardiñas en su ultimo viaje a USA, donde la palabra "desamericanizar" fue su eslogan. Este lema, además de la naturaleza del proyecto Varela que Payá impulsó —donde se convierte a los cubanos de la Isla en protagonistas del cambio—le ha ganado al premio Sájarov la enemistad del sector "radical" del exilio[31], sin embargo Payá no ha claudicado por sus ataques y ha seguido utilizado con mucho tino su "desnorteamericanización", buscando la focalización de la solidaridad y las expectativas en el movimiento cívico cubano (como denomina lo que llamo "movimiento democrático") pero sin pretender tomar partido en el debate embargo/antiembargo. Payá se limita a desinflar tanto las expectativas de quienes creen que el embargo es un factor de cambio en la Isla como las de los que esperan que su levantamiento traerá por sí mismo la democratización. De todos modos, el hecho de que Paya serruche el piso con su visión a quienes centran su acción política en el embargo, que lo haga en el propio país que sostiene la medida y en los momentos en que se ha convertido este opositor cubano en el más acreditado en el ámbito internacional, constituye un duro golpe a las sanciones y de paso un empujón sin precedentes al status deseable de la desamericanización del problema cubano.

---

[31] Véase de Wilfredo Cancio Isla "Marcha del exilio enfrenta opiniones encontradas", *El Nuevo Herald*, 03/12/2003.

Payá busca saludablemente la entrega definitiva del protagonismo histórico al pueblo de Cuba, sin otra interferencia extranjera que
no sea la de respaldo auténticamente solidario y fundamentalmente
moral del mundo. La propia existencia política de Payá confirma la
necesidad de los contactos internacionales para favorecer el desarrollo democrático en Cuba. El Movimiento Cristiano Liberación que él
preside, al margen de las distancias formales que tome la iglesia, es
un hijo espiritual y quizás más que espiritual de la misma. La Iglesia,
¿quién lo duda?, es una institución internacional, con cabeza en el
extranjero, una de las pocas que tuvo la suerte de permanecer en
Cuba cuando la Isla se cerró casi herméticamente al mundo. En
medio del proceso de creación de un pensamiento único, la Iglesia
constituyó una alternativa y un espacio para el escape de la asfixia
totalitaria. No importa el rol que haya jugado en otras épocas y con-
textos, no importa las declaraciones de apoliticismo que hagan sus
prelados, la iglesia, con sus espacios y concesiones, con la información alternativa que ha hecho circular, se han convertido en un factor de "liberación" política, en Cuba del mismo modo que lo ha sido
en sentido social en Brasil.

Pero ¿por qué no permitir que otras estructuras, con funciones
no políticas como no políticas son las funciones de la iglesia, operen
como factor de cambio en Cuba? ¿Acaso una institución de intercambio cultural hispanocubana no puede también, por la información y la cultura democrática que disemina, convertirse en catalizador de las transformaciones, creando entre sus usuarios una cultura
de resistencia al pensamiento único? Lo mismo ocurre con una
empresa de matriz extranjera; ciertamente sus empleados cubanos
están explotados en ella —aunque menos de lo que lo estarían en
cualquier empresa cubana— pero aquí tienen al menos el atenuante de que entran en contacto directo con el mundo exterior, con
otras maneras de organizar la vida y aún cuando el empresario deba
guardarse de cambiar las reglas del juego imperante, le será imposible convertirse en un empresario estatal cubano 100%, como le será
imposible a su empleado no cubano dejar de transmitir a sus colegas
criollos, por lo menos, puntos de referencias que sirvan a estos para
cuestionar el status de los trabajadores en Cuba.

El embargo está condenado por la historia y la presencia norteamericana, en su expresión agresiva —pues de levantarse las sanciones se habrá convertido en una influencia positiva, como la del resto
del mundo: la del intercambio cultural e informativo, la del tendido
de puentes[32] que necesita el mismo movimiento democrático para
ser; no sólo para él sino para nosotros—, a desaparecer tarde o temprano. Ya se oponen a ella, no sólo las cabezas más lúcidas dentro
del movimiento democrático en la Isla y en el exterior, o diversos
intelectuales norteamericanos intachables de izquierdas, sino también empresarios estadounidenses —aunque por intereses nada vinculados a los de la democratización, pero si concomitantes con los
del Capitalismo de Estado vigente en la Isla—. Y cual si fuera poco
con los intereses empresariales, hasta dentro de los militares norteamericanos hay quienes buscan la distensión de las relaciones con
Cuba, un proceso saludable como aquellos generales norteamericanos de la Base Naval de Guantánamo, que se entrevistaron en el año
2001 con Raúl Castro y a los que se les ofrecieron concesiones tanto
en el aspecto militar como en el económico. Esta política estimuló el
nacimiento del grupo bipartidista en el Congreso estadounidense
que presiona para levantar el embargo. A partir de estas reuniones
se organizaron nuevas visitas de Gobernadores y generales norteamericanos a la Isla, conformándose así la base política gracias a la
cual un grupo importante de granjeros fue desarrollando el comercio con Cuba, llegando a convertir a Estados Unidos en el 2003, en
el séptimo socio comercial de la Isla[33]. La guerra universal contra el
terrorismo podría, paradójicamente, favorecer esta tendencia de
acercamiento entre los norteamericanos y el Gobierno cubano; siendo Castro un enemigo tan peligroso y cercano, no faltará en USA
quien prefiera comprarlo levantándole el embargo antes que "aplas-
tarle" con una medida que sólo afecta al pueblo cubano.

---

[32] Ver de Carlos M. Estefanía, en Encuentro en la red, el artículo; "Tender o
no tender el puente, esa es la cuestión"; http://arch.cubaencuentro.com/raw-
text/opinion/2001/09/27/4003.html.

[33] Ver en Encuentro en la red, Estados Unidos es el séptimo socio comercial
de Cuba, 29 de enero de 2004,http://www.cubaencuentro.com/sociedad/noti-
cias/20040129/6d596e50f223d76c0d2340fd6a8f3e19.html.

Así los únicos que quedan abucheando la consigna de la desnorteamericanización, sostenida dentro del movimiento democrático,
son los especímenes más atrasados del castrismo internacional y su
contraparte; los sectores más retardatarios del anticastrismo.

Portadas de las películas de Oliver Stone sobre Fidel Castro.

CAPÍTULO X

"COMANDANTE"
O LA POÉTICA AUDIOVISUAL DEL DESPOTISMO

Como todo lo cubano me interesa tanto lo que digan los amigos de su pueblo, como los de su gobierno (que no son los mismos). He sacado prestada de la biblioteca internacional de Estocolmo, la película *Comandante*, de Oliver Stone. Es la que precede a *Looking for Fidel* (mayo de 2003), documental definido por *The Bostón Globe* como filme propio de novatos y que le valiera a su director de parte del *New York Times* el título de "monomaníaco". Tanto *The Bostón Globe* como *New York Times* aseguraron que *Looking for Fidel*, no descubre vertientes nuevas sobre el mandatario cubano, la misma impresión me dio *Comandante*.

Realmente no había tenido oportunidad para ver el primer documental de Stone, durante su extreno en Estocolmo, preferí quedarme afuera de cine para acompañar a la partida de suecos y cubanos que transformó, el estreno de *Comandante,* en el Cine del Pueblo de Estocolmo, con la presencia del Embajador de La Habana y la directiva del la Asociación de Amistad Suecocubana, de un acto propagandístico en favor del Gobierno de Cuba, en una acción de denuncia sobre lo que no se cuenta en la película. Según la información que

puede leerse en la caja, la película fue seleccionada tanto para el fes-
tival de Cine de Sundace como para el de Berlín, pero en ninguno
de los dos obtuvo premio, y es que el material, desde el punto de
vista artístico tiene un valor rayando en lo nulo.

No hay creatividad en la forma, más bien descuido y sí mucha
falta de imaginación. El peor documental de Santiago Álvarez   -
director de los noticieros ICAIC y cronista fílmico por excelencia
del proceso *revolucionario* cubano- le da cuatro vueltas al de Stone.
Por supuesto la obra tiene su mérito, pero éste no es mayor que el
de un domador que, sin conocer mucho de la técnica cinematográfica, se adentrara en una jaula para filmar un león totalmente doma-
do, en este caso amaestrado por los imperativos de las relaciones
públicas. El material siempre sería interesante, no tanto por el león
que se nos presenta, como por lo bien que aquí se expresa. Más que
la realidad cubana, la fascinación que despierta, un dictador aún no
destronado, incluso en individuos a los que se les atribuye un desarrollo intelectual por encima de la media, como suelen ser los
directores de cine con éxito. El Castro de Stone, es el Castro simpá-
tico (si dudas el real debió serlo cuando conformó el grupo que le
llevaría al poder), lo es tanto como ese señor afable y cariñoso que
nos ofrecía el cine nazi cuando de Hitler trataba. Es el Castro de la
no Cuba, la Cuba de cuentos, el mismo en cuya imagen tanto dinero y pericia se ha invertido, el Castro que imbuido sólo de ideales,
lucha contra una dictadura, él que apenas tomando el poder decía
defender la democracia representativa y que parece volverse comunista no por su afán poder, sino por la manera en que en los Estados
Unidos fueron interpretadas sus primeras confiscaciones.

Se trata la última tesis, muy popular entre cierta izquierda liberal, de una suerte de determinismo geográfico tan humillante como
el presunto dominio total de Cuba que, según los agoreros que para-
lizan el movimiento democrático, tendrían los norteamericanos
antes y después del actual régimen. Es como si lo que pensara otro
gobierno de los cubanos fuera lo más importante a la hora de determinar ellos mismos como vivir.

Stone usa el tema de Cuba para hacer política interna en los
Estados Unidos. Vende a sus espectadores la imagen de un revolu-

cionario clásico, que se opone radicalmente a presidentes republicanos, pero que guarda cierta comprensión con un demócrata como Kennedy. Éste es el Castro que las multitudes adoran, el que ofrece becas gratuitas para los estudiantes de todo el hemisferio, él que fascina a una chica con sólo darle un beso (el beso satánico del poder absoluto).

Por supuesto también nos muestra a un Castro que, a su edad, se mantiene entero física e intelectualmente, del que nadie esperaría un desmayo como el que sufrió en junio de 2001 durante su intervención en un acto multitudinario, o una caída como la que tuvo el 21 de octubre de 2004, después de haber depositado una ofrenda floral ante los restos del Che, en Santa Clara.

En la caja de DVD también se pueden leer algunas observaciones de expertos suecos sobre la obra de Stone: dice el comentarista del periódico *Dagens Nyheter*, Maaret Koskinen, que "es una película entretenida en muchos aspectos"; Orvab Säfström de *Filmkrönika* afirma que "Fidel Castro es Cuba"; por su parte Andres Lokko asegura que es "un diálogo fascinante".

Lo cierto es que esta película de 95 minutos elegidos en más de 30 horas de filmación no es, en mi opinión, ni tan entretenida, ni fascinante y mucho menos le da el derecho a nadie a identificar a Castro con Cuba. Otra cosa es que el director, no se interese para nada en la Cuba que no sea Castro.

¿Habría incluido Stone en su documental la imagen de un Castro derrocado por sí mismo, de haber acontecido el hecho en el 2003, frente al cineasta norteamericano?

Los beneficios para el Gobierno cubano no deben hacerse esperar cuando el material es contemplado por esos seres mediocrizados por la sociedad de consumo y por la telebasura que conforman la mayor parte del público que acude a los cines europeos, que vive en una permanente relación de amor-odio con los Estados Unidos. Odio porque no perdonan que aquella nación - formada por los que un día fueron expulsados del continente - sea la que hoy les dicte, por obra y gracia de su éxito mercantil cuál es la mejor forma de vivir. Amor porque a la larga no se las sabría arreglar sin la tecnología americana, sin la comida americana, sin las películas americanas (incluidas las de Stone), y hasta sin las bases militares americanas, esas que garantizaron (pese a lo que digan los pacifistas), durante décadas de guerra fría, el estado de bienestar y la libertad de la que gozan hoy (aunque no sabemos por cuánto tiempo más) los pueblos europeos.

¿Qué pasará cuando del otro lado del Atlántico vean la película los militantes de base, una izquierda dogmática y autoritaria?, ésa que marca con puño de hierro hasta dónde ha de llegar el pensamiento crítico.

¿Qué pasará cuando el pequeño burgués decepcionado de la corrupción política del país, de los partidos y de su Estado, y sobre todo de su propia cobardía ante las miserias sociales con las que convive, vea este material donde se factura un "mundo feliz" en una lejana Isla, mezcla de Utopía, la Nueva Atlántida y la Ciudad del Sol de More, Bacon y Campanela, respectivamente?

¿Cuánto puede narcotizarse la solidaridad que la democratización de Cuba demanda, por esta imagen fabricada por Stone: la de un pueblo cándido, conducido voluntariamente por un nuevo Moisés hacia una tierra de promisión: un socialismo que no es ni de este mundo, ni del otro? Sin dudas que el buen europeo, el buen izquierdista de superficies, y el buen sensiblero burgués, se identificarán con el Patriarca que tanto se toquetea con Stone frente a las cámaras. Lo harán, más por la aureola de poder que tiene el "Comandante", que por la justicia que pretende representar, una justicia e igualdad que no se conjugan con el culto desproporcionado, mesiánico, hacia Fidel Castro que se observa en cada cuadro de este material, un producto que hace propaganda, más por irresponsabilidad de su creador que por encargo.

Al final Oliverio Piedra nos duerme la razón en beneficio de la emoción. Queda, pues, a los cubanos del futuro crear una nueva industria cinematográfica y una crítica de cine que digan la verdad sobre lo que fue la Cuba de Castro. Para lograrlo tenemos de referencia al Comandante, la muestra viva de lo que no debe hacerse.

Eso sí, hará falta mucho talento para deshacer entuertos como los de Stone, que son muchos, y que nos llegan de todas direcciones.

Hace poco pasaba la televisión internacional de España, en una sección de cine, la coproducción Cubano-Argentina-Española "Operación Fangio". Se trata de toda una apología a la vía terrorista, en este caso mediante el secuestro de un pacifico corredor de autos, como camino para obtener éxitos políticos. Ni por asomo se sugiere la suerte que habría corrido Fangio de haberse negado, con todo su derecho, a seguir las instrucciones que, a punta de pistola, le dieron sus captores, precursores de los raptos, que con finales no tan felices como los de la película hacen a menudo los guerrilleros de las FARC en Colombia. Lo que sí hay mucho en el filme es muestra del Síndrome de Estocolmo, como si los argentinos que participaron en su creación estuvieran dispuestos a perdonar o amar a aquellos locos que en tiempos de democracia empuñaron armas que sólo desencadenaron dictaduras, o los españoles a amar a los etarras porque tras cada secuestro se expone como razón la idea bella sin dudas de una patria libre.

Allí, en la TV española, se nos mostraba una juventud cubana noble, sana e inteligente, pero dispuestas a seguir el camino de las armas como la solución para Cuba, siempre y cuando así lo ordenase el gran maestro de la secta (porque eso fue en realidad el movimiento 26 de julio, una secta) . Por respeto a los resultados reales de esa "revolución armada" y a su propia experiencia histórica, ni el cine de España ni el de Argentina debió haberse prestado al juego del cubano. Los imberbes guerrilleros urbanos que en el filme se muestran como héroes, están condenados moralmente por las consecuencias a largo plazo de sus actos: no sólo no fueron capaces de restablecer el estado de derecho por el que aseguraban sacrificar sus vidas y las de otros, sino que terminaron o devorados por sus camaradas o sirviendo de pilares a una dictadura aún peor que la combatida por ellos.

No será fácil desarmar tanta mitología, incluso terminado el poder absoluto que hoy somete a Cuba, ese poder que supo seguir al pie de la letra la fórmula de Alcapone: "se puede llegar lejos con una sonrisa, pero mucho más con una sonrisa y una pistola". Sonrisa y pistola son las acompañantes permanentes del entrevistado por Stone. El público del cine prefiere las pistolas y las sonrisas a los puños desarmados y la expresión fea y adolorida de un esclavo; entre la identificación con los oprimidos, y la adoración por los opresores, suele imponerse la segunda. ¿Será porque los humanos, entre ellos mortales como Oliver Stone, están programados menos para la conmiseración y más para la fascinación por el poder, sobre todo cuando este es absoluto como el del Comandante?

CAPÍTULO XI

LOS ÚLTIMOS ESTERTORES DE UN MITO. "BOLIVARIANOS" SOMOS NOSOTROS

He mandado veinte años, y de ellos no he sacado más que pocos resultados ciertos: 1. La América (Latina), es ingobernable para nosotros; 2. El que sirve a una revolución ara en el mar; 3. La única cosa que se puede hacer en América es emigrar; 4. Este país caerá infaliblemente en manos de la multitud desenfrenada para después pasar a tiranuelos casi imperceptibles de todos los colores y razas; 5. Devorados por todos los crímenes y extinguidos por la ferocidad, los europeos no se dignarán a conquistarnos; 6. Si fuera posible que una parte del mundo volviera al caos primitivo, éste sería el último período de la América (Latina).

Simón Bolívar, 1830

Honores inmerecidos. Alguien que firma bajo el seudónimo de *Picamiel*, hizo llegar a mi buzón un artículo de la llamada Agencia de Noticias Nueva Colombia (ANNCOL) donde me incluyen, quizás inmerecidamente, en una lista de notables. El trabajo, se titula "Así ataca la contra en Venezuela". Se supone que fue escrito en Caracas por Juan R. Ríos el 14 de septiembre de 2004.

Al final de la nota reenviada por *Picamiel*, hay un párrafo dedicado a quienes con el instrumento "terrible" de la palabra respaldamos, en distintas partes del mundo y con diferentes perspectivas, la lucha de la sociedad civil venezolana por salvar la soberanía popular.

Así escribe este independiente: "En el frente mediático conspirativo colaboran un enjambre de manipuladores y provocadores como Patricia Poleo, Adolfo Calero, Marianella Salazar, Norberto Mazza, Marielena Pérez Lavoud, Jaime S. Dromi, Ph. D. Iván Ballesteros, Domingo Blanco ("Mingo"), Miguel Angel Rodríguez, José A. Cohen Jorge Hernández Fonseca, Roberto Jiménez. En Europa la gusanera, descompuesta, escupe contra Venezuela con la verborrea de Carlos Alberto Montaner (España), Plinio Apuleyo Mendoza (Portugal), Héctor V. Martinez (Argentina), Carlos *Stefanía* en Suecia, de los más sobresalientes".

En primer lugar debo aclararle al autor que mi apellido se escribe con una "E" al principio, la omisión le da un toque "exótico" innecesario. En segundo lugar, que considero como un acto de inmodestia por mi parte el aceptarme en esta lista de "sobresalientes". No soy, sino uno más, entre los cubanos que por estos nórdicos lares ofrecen su respaldo a nuestros hermanos venezolanos. Lo hago como mis compañeros y amigos, imbuido de un espíritu latinoamericanista, sin otro recurso que la escritura y la presencia en las demostraciones públicas que lo requieran.

Si esto es conspiración, ¿qué dejaremos para el sangriento intento de golpe de Estado, perpetrado por el ahora "revolucionario" Chávez contra Carlos Andrés Pérez? Fue para derrocar a un presidente cuestionable, sí, pero de todas maneras elegido por el pueblo. Me rompo la cabeza preguntándome ¿qué pudo haber señalado mi humilde figura ante los ojitos avisados de ANNCOL? ¿Quizás fuere el hecho de haber recordado en los últimos días, desde la lista latinoamericana Diáspora-noticias, además de los crímenes cometidos contra los trabajadores de la prensa venezolana por las pandillas que respaldan a Chávez, aquellos ejecutados por las FARC contra los comunicadores (entre otros ciudadanos) de su país? ¿O quizás lo que pudo destacarme fuera el soplo de que he sido de los primeros en alertar a los amigos suecos que hoy respaldan la democratización de Cuba, para que no dejaran de hacer el mismo esfuerzo por

Venezuela, frente al retroceso que en el campo de los derechos humanos se veía venir en el país sudaméricano?.

Clarividencia por demás nada meritoria, cuando se tiene la experiencia cubana, y cuando se descubre en Suecia que los que hasta ayer, de la manera más dogmática, hacían propaganda al supuesto socialismo de Fidel Castro, de pronto comienzan a hacer otro tanto (sin abandonar su vieja misión) por un régimen, aparentemente diferente del cubano, como es que se ha entronado en Venezuela bajo la bandera de un indefinido bolivarianismo. En cualquier caso nuestro llamado, por más que a ANNCOL le moleste, no cayó en saco roto, así lo testimonian las palabras escritas por nuestro amigo Fredrik Malm, presidente de la Juventud Liberal Sueca tras su regreso de una visita de estudio a Venezuela; las publicamos en el portal de *Cuba Nuestra* bajo el título "Los jóvenes socialdemócratas suecos quieren ver una dictadura en Venezuela".

Se trata de una bien informada denuncia de ese prejuicio del *Buen salvaje* con que todavía se nos observa por quienes apenas saben de nuestras realidades, en este caso por algún que otro jovenzuelo socialdemócrata, quizás desconocedor de los regaños hechos por su Internacional al Gobierno de Venezuela.

Afortunadamente opiniones como las de Malm demuestran que ya está agonizando aquel mito, según el cual los latinoamericanos debemos ser gobernados por caudillos revolucionarios si queremos lograr un mínimo de justicia social. El arte de confundir la historia es el paradigma de los equivocados del que se vale. Así ataca la contra en Venezuela, para confundir a un lector, al que somete a un martilleo de las viejas fábulas con las que Europa nos viene contemplando desde mediados del pasado siglo. El autor se nos presenta como "periodista independiente", usurpando el título a aquellos comunicadores que en Cuba, por su amor a la libertad de información, no pueden pertenecer a la UPC, (Unión de Periodistas Oficiales en la Isla) y que haciendo un periodismo libre del dictado gubernamental, pagan con cárcel y sufrimientos la vocación de decir verdades. No parece este ser el caso del señor Ríos, cuando con su escrito, lejos de criticar sirve, no a uno, sino por lo menos a dos gobiernos.

El objetivo, del artículo de *Picamiel* "es el de conjurar de un plumazo todos los fantasmas que amenazan al régimen chavista, como ayer amenazaron a su progenitor externo, el Gobierno de Fidel Castro. Lo hace empotrando toda oposición posible a dichos poderes en el lecho de Procusto de "la contra"; apócope del término "contrarrevolución", el mismo con que los apologistas nacionales e internacionales de La Habana han timbrado, por más de cuarenta años, todo lo que contradiga o disienta de los dictados de Castro. La palabra recortada de "contra", pese a lo que dice este "experto" de R. Ríos, no se utilizó por primera vez en Cuba, sino en Nicaragua, para clasificar a quienes con las armas en la mano, resistieron a los sandinistas, no importando si entre ellos se encontraban héroes de la lucha contra Somoza, como el *comandante* Edén Pastora.

Y así, como bajo el sello de "contrarrevolución", se acuñaron en Cuba lo mismo las actividades de la microfracción cuadros ortodoxos del viejo partido comunista de Cuba, aterrorizados por la manera tan brutal en que el nuevo régimen "marxista-leninista" se apartaba en la práctica, tanto de los postulados de Marx-Engels-Lenin, como de la experiencia acumulada por 73 años de supuesta construcción socialista en la URSS, que la lucha, política o armada de reconocidos combatientes antibatistianos, como fueron los casos de los guerrilleros Huber Matos, Eloy Gutiérrez Menoyo o Carlos Franqui, empeñados, en la medida en que fueron sintiéndose traicionados, en retomar el cauce originario de la revolución, aquel que nos conduciría a la democracia social e independencia, no al sometimiento de Cuba a los intereses soviéticos o la conversión de ella en exportadora de modelos totalitarios.

Así mismo, tras casi cuarenta años de uso indiscriminado de la palabra "contrarrevolución" en Cuba, ahora se acuña de "contra" (con ecos en Europa), a todo el que descubra lo que se oculta bajo la retórica de esa "Revolución Bolivariana", impulsada, con injerencia extranjera más que evidente, por el teniente coronel Hugo Chávez en Venezuela y en el resto de Sudamérica.

La técnica es vieja, su efectividad fue probada con éxito por los propagandistas de Stalin y de Hitler. Como todo dictador, o aspirante a tal, se gana infinidad de enemigos, entre aquellos no es difícil encontrar alguno que otro individuo tan execrable como el mismo aspirante al poder omnímodo, que sirva para legitimar su lucha, así como Hitler y Stalin se usaron mutuamente, Castro usó y sigue usando a Batista, y Chávez si no tuviese a un Carlos Andrés Pérez ya se lo habría inventado.

De lo que se valen es de la sinécdoque de atribuir las propiedades de una parte al todo: así como Hitler convirtió a todos sus enemigos en agentes judíos o comunistas, o Stalin redujo todo lo que se le oponía a trotskismo o social-fascismo, los alabarderos de Chávez hoy, como los de Castro ayer, convierten en agentes de Estados Unidos a todos los que se oponen a los *comandantes* mencionados. Confiando en que el lector sea una persona medianamente informada de lo que pasa en Venezuela y de lo que ha sucedido en Cuba, le recomiendo que eche una mirada a lo escrito por Juan R. Ríos y diga después si no es este trabajo la muestra viva de lo que no debe hacerse en periodismo; mostrar tendenciosamente los hechos, adelantando por encima de ellos la propia ideología. Sigue la misma receta de la escuela moscovita del Partido Comunista de la URSS, donde se formaban los agitadores que más tarde enseñarían a los latinoamericanos a pensar la historia en blanco y negro, de una manera lineal, en total contradicción con los postulados del materialismo histórico y dialéctico que, en teoría, servían como fundamento filosófico a aquella escuela.

Después de esto no queda más que reconocer que si de algo es independiente el señor Ríos es de la verdad. Su misión es la de asimilar la historia actual de Venezuela, a la "historia" oficial cubana. Lo hace de un modo maniqueo, colocando a Chávez y a Castro del lado de los buenos, y el resto al lado de los malos, nos habla de tenebrosas acciones de la CIA, y de las formidables operaciones de la inteligencia comunista que dieron al traste con las guerrillas anticastristas cubanas. No dice una palabra de la asesoría ofrecida por la KGB en esta guerra civil, ni de como para vencerla se desarticularon los restos del estado de derecho que sobrevivieron al batistato, se maniató la sociedad civil, la prensa, y por supuesto, las organizaciones defensoras de lo que hoy llamaríamos "derechos humanos", ni de como se movilizó una cantidad de soldados como nunca antes en la historia de Cuba. En tales condiciones, ninguna guerrilla, incluso una tan bien entrenada y abastecida como las FARC, habría resistido una semana. El que los cubanos fieles a los ideales originarios de la revolución cubana, se hubiesen mantenido durante casi una década, con ayuda o no de los Estados Unidos, será algún día visto como una hazaña.

Esto lo pierde de vista el autor de "Así ataca la contra en Venezuela". Es por eso que pese a sus infructuosos intentos de clasificarnos, termina por meter en un mismo saco, lo mismo a los anarquistas, que a los obreros socialdemócratas, que a los empresarios que no comulgan con el nuevo caudillo venezolano. Sólo un pensamiento ecléctico y "amalgamante" como el que inspira a ANNCOL podría habernos reservado la misma habitación a Eleonora Bruzual, Teodoro Petkoff, al que este periodista "venezolano" llama "Teodoro Pekoot" (como si desconociera el nombre de uno de los principales creadores de opinión que hay desde hace años en Venezuela) y a Carlos Estefanía. La primera, una señora conservadora y de clase alta cuyo discurso se acomoda muy bien al de la intransigencia cubana en Miami; el segundo un antiguo guerrillero, fundador del Movimiento al Socialismo, quien desde el periódico *Talcual*, ha mantenido una posición progresista y de crítica constructiva, tanto sobre los talibanes del Gobierno de Chávez, como sobre los de su oposición, y el tercero uno de los hijos rebeldes de la Revolución Cubana, aglutinados en torno a *Cuba Nuestra*, es decir, uno de esos antiguos niños cubanos a los que nos hacían jurar cada día, sin mucha reflexión: "pioneros por el comunismo, seremos como el Che". Lo hacíamos seguramente en los mismos momentos que Petkoff comprendía que el socialismo "real" no era verdadero socialismo. Ni nuestra evolución fue la de Petkoff, ni Bruzual, por sus valores, tiene algo que ver con nuestro pensamiento, ni "Pekoot" con la tal dama (me consta). ¡Vivir para ver!.

¿A quién sirve ANNCOL? Bueno, lo cierto es que de pronto me veo involucrado (no diré sin comerla ni beberla) dentro del selecto grupo de intelectuales que han sabido salirle al paso a la propaganda chavista, tanto en el ámbito venezolano como internacional. En realidad no creí merecer tanto honor, pues dentro de lo que escribo, no ocupa Venezuela el mayor espacio, en todo caso estoy con ella, y este "ataque", amén de alagarme despertó la curiosidad sobre su origen.

La página de ANNCOL [http://www.anncol.com] está estructurada con el fin de hacerle propaganda directa a las Fuerzas Armadas Revolucionarias de Colombia. Pero como esta organización fue incluida por la Unión Europea en su lista de organizaciones terroristas, en junio de 2002, su promoción desde el viejo continente tiene que hacerse con mayor finura. Quizás por ello apareciera una página más moderna [http://www.anncol.org] donde se encuentra la leyenda de Chavez y sus "contras", que nos regala la fantasía del compañero Juan R Ríos.

El danés Leif Larsen, Presidente del Consejo Editorial de esta agencia informativa (o desinformativa) se nos da a conocer en ella como un antiguo integrante del movimiento de resistencia contra la ocupación nazi de Dinamarca (supongo que lo hiciera en nombre de la hermana gemela de aquella ocupación, es decir, la estalinista ejecutada en la Karelia finlandesa, en la mitad oriental de Polonia, y en los países bálticos).

Muy bonito, lo triste es que Larsen utiliza la autoridad que le da su historial para pronunciarse contra la declaración europea de las FARC como organización terrorista, y lo hace forzadamente, comparando a la organización colombiana, famosa por sus secuestros y asesinatos de civiles, con las partidas que combatían a las huestes alemanas durante la Segunda Guerra Mundial. Igualmente lamentable resulta que este supuesto antinazi permita ahora que esta agencia que él preside haga propaganda a un gobierno como el de Chávez, cuyo discurso patriotero, corporativista y antiliberal en el peor sentido, recuerda al de aquellos nacionalsocialistas y fascistas que un día intentaron enseñorearse en Europa, y que supuestamente el danés combatiera cuando ocuparon su país. Eso sí es un absurdo.

Seguimos investigando y descubrimos que ANNCOL se honra de ser miembro de la Federación Latinoamericana de Periodistas (FELAP), organización creada el 7 de junio de 1976, con sede en la ciudad de México. Se supone que representa a los periodistas de

América Latina y del Caribe y que entre sus objetivos formales estén los de:

-La defensa de la libertad de expresión de los pueblos, inclusive de las minorías, y el repudio a cualquier tipo de censura, lo que incluye el libre acceso a las fuentes informativas.
-La lucha permanente en favor de la democratización de los medios de comunicación, contra los monopolios y oligopolios, por el real y libre acceso de los diversos sectores sociales a los periódicos, revistas, y emisoras de radio y televisión.

Pero, que casualidad que los miembros de esta organización no hayan alzado la voz cuando a sus compañeros de Cuba se les impide el acceso a fuentes informativas o peor aún, se les encarcela por informar al mundo sobre lo que pasa su país. Que pena que FELAP no haya hecho un solo pronunciamiento contra el monopolio que detenta el Partido Comunista de Cuba, precisamente, sobre los periódicos, revistas, y emisoras de radio y televisión.

Que raro que no tome esta organización, pese a su postulados, cartas en el asunto del acoso que sufren los periodistas venezolanos a manos de los círculos bolivarianos empeñados en no dejarles trabajar. Que extraño que no sea FELAP, la que llame a la atención a una de sus "hijas", como es ANNCOL[34], por servir a una fuerza como las FARC, que compiten con los paramilitares en el uso del balazo como instrumento más efectivo que la tímida tijera del censor.

Todos estos cuestionamientos se esfuman cuando detectamos los cargos vigentes en FELAP emanados del VIII Congreso, efectuado en noviembre de 1999, nada más y nada menos que en la capital de un país de nuestro continente emblemático por su falta de libertad de prensa: La Habana. No es de extrañar pues que el Primer Vicepresidente de la organización sea Tubal Páez, a su vez Presidente la Unión de Periodistas de Cuba, formación que, con el pretexto de representarlos, controla la actividad de los comunicadores. Es la misma UPC a la que ya nos hemos referido, esa que sólo admite

---

[34] Existen en la red varios clones de ANNCOL, entre los que destacan la Agencia Viento del Sur [http://www.visur.net], Rebelión [http://www.rebelion.org] y Liberación [http://www.liberacion.se].

entre sus miembros a los profesionales que acepten el rol de simples megáfonos del Gobierno cubano.

¡Eureka!, todo se nos vuelve claro. Si la FELAP está controlada por un agente del Gobierno cubano, y a su vez tiene como miembro ANNCOL, entonces tiene sentido que esta "agencia" ataque a todo lo que le convenga agredir a quien manda en La Habana (casi el mismo que lo hace en Caracas). Sin lugar a dudas de lo que estamos es en presencia de una verdadera máquina propagandística, que en nombre del periodismo no sólo ha tejido sus hilos en nuestro continente, sino que tiene bases además en la misma Europa. Se apoya en quienes aquí disfrutan ver una América Latina ensangrentada. Unos, porque será la única manera en que nuestros países nunca podrán desarrollarse y competir con el viejo mundo, sobre todo arrebatándole el apetitoso mercado norteamericano sin el cual el milagro económico de la postguerra y el estado de bienestar desaparecería; otros, por un factor psicológico que ilustra con precisión el filósofo Jean-Francois Revel en la presentación de un libro —que la revolución bolivariana actualiza de manera inesperada— escrito por Carlos Rangel, *Del buen salvaje al buen revolucionario*, publicado en Caracas en 1976: "Los extranjeros, y particularmente los europeos, son en gran parte responsable de los mitos de Latinoamérica. En este campo Europa ha sido la más prolífica fabulista, lo cual es natural, puesto que fue la potencia colonizadora y forjadora de la sociedad latinoamericana y a falta en nuestros días de sus soldados y sacerdotes, persiste en expedirle hoy como ayer sus propios fantasmas".

Más tarde, se cita una carta del propio Rangel quien afirma que "la Revolución Cubana ha dado nueva virulencia a todos los equívocos sobre Latinoamérica. Fidel Castro llenó de júbilo el corazón de todos los que se sienten humillados por la fuerza norteamericana. Como en tiempos cuando estuvo de moda el *buen salvaje*, los ojos de Europa se han fijado en nosotros, pero no para descubrir verdades científicas, sino para encontrar puntos de apoyo a prejuicios, mitos y frustraciones enteramente europeos. Asqueada por el estalinismo, y víctima de un complejo de inferioridad ante Norteamérica, Europa descubrió encantada a Fidel y continua viendo en el Che el buen revolucionario. Los latinoamericanos recibimos esa inundación retórica con un cierto placer, pero a la vez con irritación. La acción que se nos presta era halagadora, pero estaba hecha de una gran frivolidad, de una gran presunción y de una gran condescendencia".

Estas palabras escritas casi tres décadas atrás explican, no sólo la fascinación que despertara el *subcomandante Marcos* entre muchos europeos a fines del pasado siglo, sino también el respaldo - con menor peso, aceptémoslo - que recibe el mismo Castro, la narcoguerrilla colombiana y un caudillo como Chávez de parte de personajes como el danés Leif Larsen.

Entre Marx y Bolívar, ¿con cuál nos quedamos? Por nuestra parte sólo resta pedirle a los periodistas que se prestan a este juego, para el caso de Venezuela, que sean consecuentes con sus ideologías, si fueran marxistas, que recuerden la descripción hecha por Marx de la vida política de Bolívar. En su artículo "Bolívar y Ponte", escrito en enero de 1858, nos habla el fundador de la internacional de un dudoso caudillo, muchos de cuyos triunfos, sobre los españoles y otros venezolanos, se debieron en buena medida gracias a la gran cantidad de soldados ingleses y de otras partes de Europa —hoy les llamaríamos mercenarios— que conformaron su tropa, una especie de revolucionario de última hora, capaz de darse a la fuga cuando más se le necesitaba o de entregar al enemigo a compañeros de lucha tan relevantes como Francisco Miranda, el auténtico precursor de la independencia venezolana. En resumen, una personalidad por la que no debe sentirse culto alguno, so pena de revivir sus peores "virtudes", lo que ya se observa en la discutible figura de Hugo Chávez.

Para ser sinceros; hacemos este llamado con pocas esperanzas, hemos aprendido que los marxistas, particularmente los leninistas, si bien no enmiendan a Marx, por lo general pasan por alto sus enseñanzas, se valen de su teoría, no como una guía para la acción sino como un opio, para la toma y el mantenimiento del poder.

Pero si se tratara de periodistas cansados de importar ideologías europeas —cuando éstas han sido rechazadas por absoletas e inefectivas allí donde nacieron— y quieren crearse una auténtica, "latinoamericana", inventándose el bolivarianismo a partir de la vida y las reflexiones políticas del "Libertador", entonces es de esperar que estudien de punta a cabo el pensamiento completo de su ídolo, que no se queden en trazos, como solían hacer los marxistas-leninistas con sus clásicos en su afán de crear una teología que justificara cualquier disparate o inconsecuencia, y que recuerden, entre otras cosas, al Bolívar, que, tras entregar 20 años de su vida a la revolución predecía fatalmente: "Este país (la Gran Colombia, luego fragmentada entre Colombia, Venezuela y Ecuador) caerá infaliblemente en manos de la multitud desenfrenada para después pasar a tiranuelos casi imperceptibles de todos los colores y razas".

Desgraciadamente basta contemplar lo que ocurre hoy en los territorios colombianos ocupados por las guerrillas pseudoizquierdistas (FARC y ELN) o por las de extrema derecha (AUC), o lo que se le encima a Venezuela bajo la bota de Chávez y la orientación de Cuba, para concordar con las premoniciones de Bolívar. Al margen de las faltas que Marx descubrió en su persona, los augurios del mantuano se van convirtiendo en una triste realidad. Al releerlos me ha dicho mi colega Jesús Hernández: "entonces los bolivarianos, seríamos nosotros", es decir, los que por todo lo aprendido en más de quinientos años de historia americana, frente a esa "revolución" que nos devuelve a las cavernas, anteponemos hoy una evolución sin mitos, un camino de justicia, paz y libertad, el único que nos hará progresar.

CAPÍTULO XII

Cuba-Venezuela:
EL ANEXIONISMO RESUCITADO

12.1. "LOS PRIMEROS BOLIVARIANOS CUBANOS"

El bolivarianismo no es nada nuevo en Cuba. Bolivarianos en el sentido más puro del término fueron aquellos conspiradores cubanos que agrupados en la orden secreta de los "Soles y Rayos de Bolívar", encabezada por el habanero Francisco Lemus, quien había recibido los grados de coronel en el ejército libertador colombiano, intentaron separar Cuba de España para anexarla a la llamada por entonces, Gran Colombia.

En este movimiento, cada iniciado tenía que captar a otros seis para recibir el grado de sol, mientras los nuevos conjurados formaban sus rayos. Los conjurados, dispersos en toda la Isla, ascendían a la cifra de 12.000, y en su mayoría pertenecían a la milicia española, conspirando dentro de ella del mismo modo que los "bolivarianos" de Chávez lo hicieran siglo y medio después en Venezuela,

dentro del ejército de la república que querían derrocar. El propio
Simón Bolívar había anunciado, a fines de 1824, el objetivo de inde-
pendizar las Antillas españolas. Pero el bolivarianismo en Cuba estaba condenado a fracasar por causas internas y externas: la conspiración de los Rayos y Soles fue descubierta el 19 de agosto de 1823 y
los conjurados encarcelados o perseguidos tenazmente, los cubanos
en general, incluso independentistas como el pensador Félix
Varela[35] y el poeta José María Heredia, uno de los complotados en
la conspiración, ya en el exilio, se opusieron a una revolución
importada desde afuera, es decir, con las armas bolivarianas de tierra firme, las rivalidades existentes entre México y la Gran
Colombia con respecto al futuro de la Isla, y así como las agendas
que para la Isla tenían Estados Unidos e Inglaterra.

Todo esto confluyó para que el bolivarianismo cubano, pese a sus
mártires ejecutados como espías colombianos, fueran dejados en la
estacada. La traición se consumó con los acuerdos adoptados en el
llamado Congreso Anfictiónico de Panamá, un evento convocado
por Bolívar en 1824 (el mismo año de la conspiración de los Rayos).
Bolívar, tras vencer al ejército español en Perú, decidió darle batalla a Madrid en el mar. Lo hizo tan bien, que sus corsarios más
emprendedores llegaron hasta el mediterráneo y allí hicieron presas
españolas.

Pero Cuba era un arsenal y base de operaciones importante para
España en América por lo que era necesario arrebatársela, ése sería
uno de los temas más importantes a debatir en el Congreso, que ini-
ciaría sus sesiones en Panamá en 1826, para culminarlas en
Tacubaya, México, en 1828. Su objetivo inicial era el de formar una
confederación de ex-colonias para sostener en común la soberanía y
la independencia del Nuevo Mundo contra toda dominación extranjera. Entre los puntos a debatir estaría, el apoyo a la independencia
de Cuba y Puerto Rico, Islas Canarias y Filipinas así como involucrar a Estados Unidos para hacer efectiva la Doctrina Monroe en

---

[35] Félix Varela, " Paralelo entre la revolución que puede formarse en la Isla de
Cuba por sus mismos habitantes, y la que se formará por la invasión de tropas
extranjeras", en VARELA, Felix (1991). *Escritos Políticos*: Editorial de Ciencias
Sociales, La Habana.

contra de las tentativas españolas de reconquista. Bolívar, quien había sido respaldado por Inglaterra durante su campaña libertadora invitó a Gran Bretaña para que hiciera de moderadora en el evento sin contar con que la potencia europea traía una agenda oculta para Cuba. Aparentemente era, la de que los países independizados se abstuvieran de invadirla a cambio de la paz con España. En realidad lo que buscaba Inglaterra era impedir que la Isla pasara a manos criollas, y en su lugar, desencadenar una rebelión de esclavos que haría de Cuba una república militar negra bajo su protectorado. Por otra parte, Estados Unidos no estaba interesado en conflicto alguno con España, país, que le había respaldado militarmente la revolución de las Trece colonias, enviando entre otras ayudas un batallón de pardos y mulatos desde Cuba para que combatieran junto a los rebeldes contra los casacas rojas. Así mismo, las proclamas colombianas y mexicanas incentivaban la rebelión de esclavos, y los norteamericanos temían que tal sublevación se propagaría a Georgia o Virginia[36]. De tal modo, contra la libertad de Cuba actuaron en ese congreso tanto Inglaterra como Estados Unidos; la primera en su afán de mantener las condiciones para desencadenar una rebelión negra que sirviera a sus intereses, el segundo, paradójicamente, para evitar dicha rebelión. Al final Bolívar cedió a las propuestas anglosajonas y sacrificó la libertad de Cuba a cambio del armisticio con España.

12.2. "SOLES Y RAYOS DE CASTRO"

Al parecer, Fidel Castro, cuya memoria tanto se alaba, ha olvidado aquella lección histórica y no cesa de agitar la bandera bolivariana. A tal punto llegaba su fe en la doctrina que denominó al 2005 como "Año de la Alternativa Bolivariana para las Américas". Siguiendo esta consiga usa todos los recursos y contactos que tiene en su poder para sembrar el bolivarianismo en el Continente auspiciando en las naciones que van del Río Bravo a la Patagonia, un sin-

---

[36] Ramiro Guerra, En el camino de la independencia, Editorial de Ciencias Sociales, La Habana 1974.

fín de mítines, conferencias y hasta congresos, como el celebrado el sábado 4 y el domingo 5 de diciembre de 2004 en México Distrito Federal. Allí, bajo el título de Primer Congreso del Movimiento Bolivariano de los Pueblos de México, se intentó articular la doctrina con la vida y obra de individuos tan lejanos entre sí como Fray Bartolomé de las Casas, Emiliano Zapata, Pancho Villa, Benito Juárez, Ricardo Flores Magón, Óscar Arnulfo Romero, Camilo Torres Restrepo, Jorge Elieser Gaitán, José Martí, Camilo Cienfuegos Frank País, Julio Antonio Mella, Hermanos Maceos Grajales, Abel y Haydee Santamaría, Tamara Búnker (Tania), Lautaro, Caupolicán, Emilio Recabarren, Salvador Allende, Tupac Amaru, y José de San Martín entre otros muchos nombres.

Como se comprenderá, tal eclecticismo de ideas y ejemplos personales en los que se amalgaman, indios, curas, independentistas, liberales, anarquistas o comunistas, que poco o nada tienen que ver entre sí, no pueden dar coherencia ideológica a proyecto alguno. Si el bolivarianismo avanza de manera efectiva, no es por la eficacia de su substrato ideológico, sino es por la manera perfectamente coordinada en la que Fidel Castro, apoyándose en Hugo Chávez, utiliza los millonarios recursos de los que disponen los Estados Cubano y Venezolano.

Castro, parece hoy plantearse nuevamente, los objetivos anexionistas de los conspiradores de "Los soles y rayos de Bolívar" aquella anexión, pero al revés, es decir, bajo la hegemonía cubana conquistando tierra firme. Cuenta para ello, amén de infinidad de quinta columnistas civiles con tres magníficos ejércitos; el cubano (el más poderoso y mejor entrenado de América Latina) y lo que queda del venezolano, tras ser depurado de oficiales disidentes, un ejército que ya debe disponer del tipo de arma en la que sus aliados y colaboradores técnicos cubanos son expertos, las rusas. Recordemos que el 16 de mayo de 2001, Chávez firmó un convenio con Vladimir Putin sobre la cooperación técnico-militar en áreas como:

> - Suministro de armamento, técnica militar y otro material de uso bélico.

- Garantía de empleo, reparación y modernización del armamento y técnica militar suministrados, así como la prestación de otros servicios de carácter técnico-militar.
- Transferencia de licencias para la producción de armamento y técnica militar y prestación de asistencia técnica en la organización de su fabricación.
- Suministro de equipos y materiales y prestación de asistencia técnica en la fundación y equipamiento de los objetos de uso militar.
- Formación del personal militar.
- Investigaciones científicas y trabajos de diseño conjuntos en la esfera de creación de nuevos tipos de armamentos y técnica militar.
- Fabricación conjunta del material bélico destinado tanto para el uso en las Fuerzas Armadas propias como para el suministro a los terceros países;
- Otros medios de cooperación técnico-militar que acuerden las partes[37].

A estas fuerzas habría que sumar las sanguinarias Fuerzas Armadas Revolucionarias de Colombia, unas FARC cuyos nexos con el régimen chavista quedaron expuestos por el escándalo armado en el caso Granda. El 13 de diciembre de 2004, un grupo de funcionarios de la Dirección de los Servicios de Inteligencia y Prevención (DISIP), adjunta al Ministerio de Relaciones Interiores y Justicia, sin encomendarse a su gobierno apresaron a Rodrigo Granda, una especie de canciller de las FARC, y lo entregaron a la policía colombiana, la cual había ofrecido una jugosa recompensa por la captura de este individuo. Granda había penetrado en Venezuela de manera ilegal, y presentado, sin invitación oficial, al llamado Encuentro Mundial de Intelectuales en Defensa de la Humanidad y al Congreso Bolivariano de los Pueblos.

Hablando en términos técnicos, no puede decirse que el Gobierno de Colombia no violara la soberanía de Venezuela, no fueron sus fuerzas, sino efectivos venezolanos los que realizaron la detención de Rodrigo Granda en Caracas. Fueron miembros de los servicios de seguridad venezolanos. Mucho más grave es que se paseen por Venezuela individuos que combaten a un gobierno sali-

---

[37] http://www.analitica.com/bitblioteca/venezuela/acuerdo_militar_rusia_ven.asp.

do de las urnas con las armas, representantes de una organización que al menos en Europa es catalogada de terrorista, y de hecho no vacilan en utilizar el secuestro y el atentado con la misma falta de escrúpulo que ETA en España.

Este asunto se vuelve aún mas oscuro cuando 21 de enero de 2005, el periódico *El Universal* de Venezuela, se hace eco de las acusaciones al Gobierno del diputado socialdemócrata Carlos Casanova, quien documento en mano denunció que la esposa del "canciller" de las FARC, Mónica Granda, había recibido la visa para entrar a Venezuela en la ciudad de La Habana, Cuba, y que en el aeropuerto de Maiquetía le esperaba su esposo Rodrigo Granda, acompañado de dos funcionarios de la DISIP. El parlamentario mostró a la plenaria de la Asamblea Nacional una fotocopia del pasaporte de la esposa de Granda con la visa venezolana fechada en septiembre de 2001, con duración de un año y firmada por el embajador en Cuba. Esto complica el caso Granda, no sólo porque involucra a Cuba como vía de tránsito de elementos vinculados con las FARC, sino porque enrarece aún más el papel del DISIP institución que, en opinión del licenciado Jesús Hernández, analista de la revista *Cuba Nuestra* de Estocolmo, aquel momento podría estar participando en una clásica provocación a Colombia.

Granda no es un caso aislado. Según una nota de Xinhuanet, fechada en Bogotá el 18 enero de 2005, el director de la fundación colombiana Seguridad y Democracia, Alfredo Rangel, había denunciado ese día la existencia de siete campamentos con 300 guerrilleros de las FARC en Venezuela, que funcionan como centros de abastecimiento y redes de apoyo logístico para ocultar a los secuestrados y cabecillas de esa organización. Rangel aseguró que los organismos de seguridad y autoridades venezolanas facilitan el accionar de las FARC a cambio de que los insurgentes no atenten contra la población y los intereses de ese país. Una opinión que nos parece demasiado condescendiente.

Las acusaciones de "*secuestro*" hecha por Chávez y los "medios alternativos" que le siguen, contra Colombia tras el rapto de Granda, y el hecho de que no se desmantelen los campamentos de guerrilleros venezolanos en Venezuela es la manifestación más clara del compromiso del régimen "bolivariano" con las FARC, incluso de sus intenciones de utilizar cualquier pretexto para desencadenar, tarde o temprano un conflicto fronterizo con el Estado Colombiano, un Estado que ha logrado mantener a raya a las tropas semirregulares de las Fuerzas Armadas Revolucionarias, pero difícilmente se las podría ver luchando en tres frentes contra el Ejército venezolano, el cubano y los terroristas "internos" camuflados con unos y con otros. Una situación de guerra sería la mejor cobertura para completar la militarización del país, aniquilando de ese modo las pocas libertades que le quedan a su sociedad civil.

Vale la pena analizar en este contexto el papel que ha jugado el gobierno español de José Luis Zapatero como un ejemplo de lo que no debe hacerse cuando se trata de ayudar a los venezolanos y a los colombianos en la búsqueda de la paz.

El 30 de marzo de 2005, durante la visita de Zapatero a Venezuela, éste tuvo a bien reunirse con la oposición venezolana, reunión a la que no asistió en gesto de protesta, los representantes del Partido Acción Democrática (miembro, como el PSOE, de la Internacional Socialista). Durante el encuentro se puso al tanto a Zapatero de las principales tropelías cometidas por el régimen autoritario de Chávez en su procesos de desmantelamiento de la democracia en Venezuela: persecución y apresamiento de opositores, dominio de todos los poderes del Estado, restricción de libertades y desaparición de las condiciones para hacer elecciones transparentes. En el encuentro el secretario general del Movimiento al Socialismo (MAS), Leopoldo Puchi, solicitó a Zapatero que contribuyera a libertad de los presos políticos en el país. En respuesta a estas demandas Zapatero ofreció su ayuda para construir en Venezuela "una democracia libre y justa"[38]. Lamentablemente, quien supo interceder con éxito por para lograr la puesta en libertad del escri-

---

[38] Véase "Caracas: Zapatero escucha a oposición" de María Esperanza Sánchez para *BBC Mundo*, [http://news.bbc.co.uk/hi/spanish/latin_america/newsid_4394000/4394641.stm]. También "España aboga por paz democrática en Venezuela, oposición pide ayuda" [http://latino.msn.com/noticias/latinoamerica/venezuela/reuters/article8.armx].

tor y periodista independiente cubano Raúl Rivero, no supo hacer lo mismo cuando se trató de disidentes venezolanos.

Hay que decir que no era necesario que el mandatario español viajase a Venezuela para que comprendiera a cabalidad, lo que está aconteciendo en el país sudamericano. Sus asesores bien pudieron haberle hecho llegar los número 34/35 de la revista Encuentro de la Cultura Cubana (otoño/invierno de 2004-2005), publicación seria y comedida que se edita precisamente en Madrid. Para esta edición doble de la revista, los intelectuales venezolanos Elizabeth Burgos y Gustavo Guerrero confeccionaron un excelente dossier dedicado a su país; El objetivo es precisamente conjurar la hábil utilización de los "resortes postcoloniales del alma europea", que con astucia, siguiendo las lecciones de su mentor Fidel Castro, el Gobierno de Hugo Chávez ha sabido hacer, resortes que de alguna manera parecen determinar las actitudes del Gobierno de Zapatero frente a Venezuela. Todos y cada uno de los textos aquí recogidos debieron haber sido lectura obligatoria para el socialista español, antes de poner un pie en tierra venezolana. Ahora, si de lo que se trata es de comprender cuales son los rasgos del régimen chavista que más le asemejan al de Francisco Franco - que presumiblemente detesta Zapatero - entonces le habría bastado al mandatario español con leer los siguientes; "*Cuba y Venezuela: un concertado asalto a la democracia*", de Antonio Sánchez García, "*Militares y política en la Venezuela de Hugo Chávez Fría*", de Herbert Koeneke R, ", "*Revolución, nacional-etnicismo, neofascismo*", de la propia Burgos, así como "*Chávez: Mitad Perón, mitad Guevara*", de Alexander Adler. Son trabajos que ponen en guardia al menos avisados contra esa demagogia con que, desde principios del año 2005, Chávez reitera su *vocación socialista*. Así lo hizo en enero durante su visita al quinto Foro Social Mundial (FSM) de Porto Alegre, donde se manifestó abiertamente por el "socialismo" y también cuando inauguraba, el 25 de febrero, en Caracas, la IV Cumbre de la Deuda Social. Allí el presidente venezolano llamó a inventar el *socialismo del siglo XXI*. ¿Que podrá elucubrar bajo el término de *socialismo* Chavez? admirador y sostén de Fidel

Castro, de ese mismo "revolucionario" que en fecha tan lejana como abril de 1961 declaró el carácter *socialista* de su revolución, y que contando con todos los recursos económicos y políticos necesarios para construirlo, no ha podido evitar que el socialismo brille por su ausencia en Cuba. Así mismo *brillará* el socialismo en Venezuela mientras se siga para alcanzarlo la dudosa vía de la *revolución bolivariana.* Desgraciadamente, ni siquiera un resumen de los artículos publicados por *Encuentro de la Cultura,* parece haberse leído Zapatero, de otro modo, ¿cómo explicarnos que cometa frente a Venezuela, el mismo error cometido por la izquierda española —afortunadamente hoy despertada- frente a Cuba, fascinándose en los sesentas con su *revolución?.* ¿De que modo justificar el alto grado de *ingenuidad* que encierran las palabras vertidas y los convenios subscritos por el mandatario español en la patria de Bolívar? Está visto que *el ser humano es el único animal que tropieza dos veces con la misma piedra,* como es la de la *"revolución latinoamericana".* Una política mal pensada, frente a Venezuela, puede convertir ese país, a largo plazo, en la *piedra en el zapato* de Zapatero.

Y es así que el presidente del Gobierno de España, no encontró mejor manera para materializar sus promesas a los opositores venezolanos que la de firmar con Chávez, entre otros, un acuerdo operación de venta de armas por valor de 1.300 millones de euros, un convenio que incluye la venta de cuatro corbetas y diez aviones de transporte C-295. Con este tratado, Zapatero, emula a Putin, ha en el fortalecimiento de la carrera armamentista emprendida por el régimen Bolivariano. El argumento esgrimido por Zapatero de que se trata de equipos defensivos; para garantizar la de seguridad, combatir el narcotráfico o enfrentar catástrofes[39], se vienen abajo cuando se tiene en cuenta el apoyo logístico que significarían estas ventas para el ejército venezolano en caso de un conflicto (no conjurado del todo tras el caso Granda) el

---

[39] Ver de María Esperanza Sánchez para BBC Mundo: " Caracas/Madrid: polémica por armas [http://news.bbc.co.uk/hi/spanish/latin_america/newsid_4393000/4393281.stm]

colombiano, sino también la efectividad que tendrían estos aviones y corbetas en el acoso y persecución de venezolanos fugitivos, como ha hecho el régimen de Fidel Castro con los célebres balseros cubanos.

Y paras disipar los resquemores de Colombia, por estas ventas, Zapatero encontró la formula perfecta, la de donarle también equipos de combates a este país. Así, al arribar a Bogotá el miércoles 30 de marzo, después de su visita oficial a Caracas, el mandatario Español anunció que donaría a Colombia tres aviones C-212 y que negociaría la venta de helicópteros como parte de su apoyo al plan de seguridad contra el narcotráfico y las guerrillas[40].

Es lamentable que el pragmatismo y los intereses comerciales de Zapatero se haya sobrepuesto a la vocación pacifista (¿acaso aparente?) con la que lideró el ascenso del PSOE al poder. Al margen de sus declaraciones de buena voluntad - y de los empleos que en España se creen con la venta de armas - Zapatero ha actuado, en el conflicto Venezolano/Colombiano del mismo modo que un individuo que viendo a dos personas a punto de pegarse intentara apaciguarlas, al tiempo que le entrega una pistola a la primera y cuchillo a la segunda. El hecho se agrava, una vez que la protesta de Acción Democrática, y las aletas del MAS (ambos partidos correligionarios del PSOE) le pusieron al tanto de la naturaleza del régimen venezolano.

La actuación lamentable de Zapatero con respecto a Venezuela, se manifestó incluso en su comedido y muy políticamente correcto discurso, del 30 de marzo de 2005, ante la Asamblea Nacional de la República Bolivariana[41].

---

[40] Ver nota de AFP en, *ABC digital*: "Zapatero dona a Colombia tres aviones y venderá helicópteros [http://www.abc.com.py/articulos.php?fec=2005-04-01&pid=169548&sec=12].

[41] Ver discurso del Presidente del Gobierno del Reino de España Dr. José Luis Rodríguez Zapatero en la Sesión Extraordinaria de la Asamblea Nacional de la República Bolivariana [http://www.asambleanacional.gov.ve/ns2/discursos.asp?id=34].

Valorando estas palabras Alfonso Marquina, jefe de la bancada de Acción Democrática en el Parlamento, declaró que Rodríguez Zapatero:

"[...] Dio una cátedra de lo que es democracia, que es precisamente lo que estamos señalando que no existe en Venezuela, ratifica su posición de equilibrio y su aspiración de paz mundial, lo cual contradice una de sus intenciones, que es venir aquí a vender armas y equipos bélicos a un gobierno de marcada tendencia belicista y de relaciones dudosas con grupos que han sido calificados como terroristas por la comunidad internacional"[42].

Por nuestra parte no queda nada más que agregar.

12.3. CHÁVEZ, EL RAYO DE FIDEL CASTRO EN EL CONTINENTE

El domingo 16 de enero de 2005, Chávez estuvo hablando más de seis horas en su programa *Aló, Presidente*. El mandatario, al referirse a la nueva etapa de la Revolución Bolivariana aludió a su impredecible modelo democrático y a la necesidad de acelerar la creación de la nueva institucionalidad del aparato del Estado. Esto sonaría bien colocado en el plano de un proyecto futuro, pero desde el momento en que se avanza a la utopía, llevado de la mano, por un compañero de viaje como es el régimen cubano, no queda mas alternativa que la duda, una. Duda que se transforma en la certeza de que el objetivo verdadero de Chávez es la entronización en el poder cuando se sabe que Fidel Castro le ha condecorado con Orden Carlos Manuel de Céspedes el 14 diciembre de 2004 en La Habana, un personaje controvertido de la historia cubana, sustituido de su puesto de Presidente de la República en Armas, durante la guerra de independencia, precisamente por las tenden-

---

[42] Ver en el *Universal.com*: "AD califica de "Contradictorio" discurso de Zapatero" [http://cines.eluniversal.com/2005/03/30/pol_ava_30A546437.shtml]. Recomendamos visitar la página de Acción Democrática [http://www.accion-democratica.org.ve/ideologia.php] para constatar su coincidencia ideológica con el PSOE [www.psoe.es].

cias dictatoriales descubiertas en él por sus compañeros independentistas. Durante la entrega, efectuada en el Teatro Karl Marx, sede del acto dedicado a celebrar los 10 años de la primera visita de Chávez a Cuba, Castro recordó que Chávez prometió volver un día y que lo ha hecho como "gigante" ya no sólo como líder del proceso revolucionario de su pueblo sino como personalidad internacional relevante, querida y admirada por muchos millones de personas en el mundo y, en especial, por nuestro pueblo. Ésta no era la primera distinción que le daba el dictador cubano a Chávez, anteriormente en 1999, le había condecorado con la Orden más alta de las que confiere su régimen, la de José Martí.

Ante la evidencia de los hechos no quedan dudas sobre los compromisos que atan a la revolución bolivariana con el neoestalinismo cubano, ataduras iniciadas mucho antes de que Chávez y sus seguidores tomaran el poder por la vía pacífica. Es lo que se evidencia en la pompa que se dio en el Karl Marx al primer encuentro Chávez-Castro conmemorando como fecha cuasi histórica el décimo aniversario de aquel mes de diciembre de 1994, en que se abrazaron en Cuba su "presidente" y un individuo sin más aval político que el de haber intentado derrocar, el 4 de febrero 1992, al frente de la soldadesca que conformaba el denominado Movimiento Bolivariano Revolucionario 200, al gobierno socialdemócrata de Carlos Andrés Pérez. La sangrienta e inútil intentona (inútil salvo en lo que significó como propaganda para sus sobrevivientes) nos recuerda, más que la de Fidel Castro en 1953, cuando atacó el Cuartel Moncada, de Santiago de Cuba, la que perpetrara cierto austriaco en Munich en 1923, una figura que como Chávez hará de la radio un arma política fundamental, que posteriormente se dedicó sin gran fortuna a las artes plásticas y escribió en prisión una obrita llamada *Mi lucha* y no *Cómo salir del Laberinto*, título del que Chávez fue coautor estando en la Cárcel de Yare. Pero este 14 de diciembre de 2004, Chávez no sólo había venido a recordar su derrota desde la gloria y hacerlo como le gusta ante las cadenas estatales de radio y televisión —en este caso de *Cubavisión Internacional* y *Radio Habana Cuba*— lo cual es tremendamente placentero para personajes de este tipo, sino también a demostrar que sabe ser agradecido con aquél que creyó en él y le recibió como un héroe cuando no era más que un fracasado.

Fidel Castro, el visionario, mostró frente a Chávez la misma luz larga que habían tenido frente a él los residentes de la KGB en México, cuando seguían de cerca su conspiración contra Batista, usando como persona de contacto a un chico argentino de apellido "Guevara". Si Castro fue el hombre promisorio de la URSS en Cuba, Chávez sería el de Castro en Venezuela, una Venezuela, que como hizo durante décadas la Isla del Caribe con respecto a la URSS, hoy envía más y más jóvenes a "formarse" en la Isla, —siempre bajo la cálida atención de los militantes de las bien adoctrinadas instituciones juveniles cubanas UJC, FEEM y la FEU (juventudes comunistas y estudiantes de las enseñanzas medias y universitarias)— "cuadros" que a cambio de la instrucción recibida y las recomendaciones que les abren las puertas de la nueva clase, se harán de la vista gorda ante lo malo que ocurre en Cuba, exactamente como se hicieron aquellos estudiantes cubanos ante las más que evidentes contradicciones entre la teoría y la práctica socialista que tenían lugar en la antigua Unión Soviética donde ellos estudiaban. Un país en el que sin duda los cubanos aprendieron mucho de Ciencias, Armas y doctrina totalitaria, pero poco o nada de participación política y de economía democrática, y como un ciego no puede guiar a otro, lo mismo ocurrirá con los venezolanos y otros latinoamericanos "educados" en Cuba, eso si serán eficientes en la tarea de equiparar la sociedad venezolana y la cubana, limando los "defectos" de la primera hasta convertirla en una copia de esa "perfección revolucionaria" que es la segunda y así poder consumar la soñada anexión bolivariana. Para materializar el proyecto, ya se han creado los primeros instrumentos "legales", uno de ellos sería Ley de Responsabilidad Social en Radio y Televisión de Venezuela, aprobada el 8 de diciembre de 2004, que siguiendo la pauta de la que en Cuba los disidentes cubanos llaman la Ley Mordaza, impondrá a los medios de comunicación los criterios del Gobierno a la hora de informar al pueblo venezolano. Súmesele a esto las reformas del Código Penal encaminadas a endurecer las penas contra los que critiquen al Gobierno y el Convenio entre República Bolivariana de Venezuela y el Gobierno de la República de Cuba sobre asistencia en materia penal", hecho público el 22 de diciembre de 2004.

Según este convenio, los funcionarios de un estado que no es de derecho como el cubano, colaborarían con sus colegas venezolanos, entre otras actividades represivas, en ejecución de solicitudes de registro, embargo y retención preventiva de bienes a personas.

En lo que respecta al acuerdo para la aplicación de la Alternativa Bolivariana para las Américas" (ALBA), se trata de un auténtico proyecto de integración como los que nunca se lograron entre Cuba y los países de economía centralizada, sistema político similar con el que la Isla conformó el extinto Consejo de Ayuda Mutua Económica (COMECON). Así el aspecto económico de la anexión habrá de "institucionalizarse" a través del acuerdo ALBA, subscrito por los mandatarios de Venezuela y Cuba, el fatídico 14 de diciembre de 2004. Según este tratado, Cuba asumirá 13 compromisos que son los siguientes:

1.- La República de Cuba elimina de modo inmediato los aranceles o cualquier tipo de barrera no arancelaria aplicable a todas las importaciones hechas por Cuba cuyo origen sea de la República Bolivariana de Venezuela.

2.- Se exime de impuestos sobre utilidades a toda inversión estatal y de empresas mixtas venezolanas e incluso de capital privado venezolano en Cuba, durante el período de recuperación de la inversión.

3.- Cuba concede a los barcos de bandera venezolana el mismo trato que a los barcos de bandera cubana en todas las operaciones que efectúen en puertos cubanos, como parte de las relaciones de intercambio y colaboración entre ambos países, o entre Cuba y otros países, así como la posibilidad de participar en servicios de cabotaje entre puertos cubanos, en iguales condiciones que los barcos de bandera cubana.

4.- Cuba otorga a las líneas aéreas venezolanas las mismas facilidades de que disponen las líneas aéreas cubanas en cuanto a la transportación de pasajeros y carga a y desde Cuba y la utilización de servicios aeroportuarios, instalaciones o cualquier otro tipo de facilidad, así como en la transportación interna de pasajeros y carga en el territorio cubano.

5.- El precio del petróleo exportado por Venezuela a Cuba será fijado sobre la base de los precios del mercado internacional, según lo estipulado en el actual Acuerdo de Caracas vigente entre ambos países. No obstante, teniendo en cuenta la tradicional volatilidad de los precios del petróleo, que en ocasiones han hecho caer el precio del petróleo venezolano por debajo de 12 dólares el barril, Cuba ofrece a Venezuela un precio de garantía no inferior a 27 dólares por barril, siempre de conformidad con los compromisos asumidos por Venezuela dentro de la Organización de Países Exportadores de Petróleo.

6.- Con relación a las inversiones de entidades estatales venezolanas en Cuba, la parte cubana elimina cualquier restricción a la posibilidad de que tales inversiones puedan ser 100% propiedad del inversor estatal venezolano.

7.- Cuba ofrece 2.000 becas anuales a jóvenes venezolanos para la realización de estudios superiores en cualquier área que pueda ser de interés para la República Bolivariana de Venezuela, incluidas las áreas de investigación científica.

8.- Las importaciones de bienes y servicios procedentes de Cuba podrán ser pagadas con productos venezolanos en la moneda nacional de Venezuela o en otras monedas mutuamente aceptables.

9.- Con relación a las actividades deportivas que tanto auge han tomado en Venezuela con el proceso bolivariano,

Cuba ofrece el uso de sus instalaciones y equipos para controles anti-dopaje, en las mismas condiciones que se otorgan a los deportistas cubanos.

10.- En el sector de la educación, el intercambio y la colaboración se extenderán a la asistencia en métodos, programas y técnicas del proceso docente-educativo que sean de interés para la parte venezolana.

11.- Cuba pone a disposición de la Universidad Bolivariana, el apoyo de más de 15.000 profesionales de la medicina que participan en la Misión Barrio Adentro, para la formación de cuantos médicos integrales y especialistas de la salud, incluso candidatos a títulos científicos, necesite Venezuela, y a cuantos alumnos de la Misión Sucre deseen estudiar Medicina y posteriormente graduarse como médicos generales integrales, los que en conjunto podrían llegar a ser decenas de miles en un período no mayor de 10 años.

12.- Los servicios integrales de salud ofrecidos por Cuba a la población que es atendida por la Misión Barrio Adentro y que asciende a más de 15 millones de personas, serán brindados en condiciones y términos económicos altamente preferenciales que deberán ser mutuamente acordados.

13.- Cuba facilitará la consolidación de productos turísticos multidestino procedentes de Venezuela sin recargos fiscales o restricciones de otro tipo.

Los trece compromisos de la República Bolivariana de Venezuela, serían:

1.- Transferencia de tecnología propia en el sector energético.

2.- La República Bolivariana de Venezuela elimina de manera inmediata cualquier tipo de barrera no arancelaria a todas las importaciones hechas por Venezuela cuyo origen sea la República de Cuba.

3.- Se exime de impuestos sobre utilidades a toda inversión estatal y de empresas mixtas cubanas en Venezuela durante el período de recuperación de la inversión.

4.- Venezuela ofrece las becas que Cuba necesite para estudios en el sector energético u otros que sean de interés para la República de Cuba, incluidas las áreas de investigación y científica.

5.- Financiamiento de proyectos productivos y de infraestructura, entre otros, sector energético, industria eléctrica, asfaltado de vías y otros proyectos de vialidad, desarrollo portuario, acueductos y alcantarillados, sector agroindustrial y de servicios.

6.- Incentivos fiscales a proyectos de interés estratégico para la economía.

7.- Facilidades preferenciales a naves y aeronaves de bandera cubana en territorio venezolano dentro de los límites que su legislación le permite.

8.- Consolidación de productos turísticos multidestino procedentes de Cuba sin recargos fiscales o restricciones de otro tipo.

9.- Venezuela pone a disposición de Cuba su infraestructura y equipos de transporte aéreo y marítimo sobre bases preferenciales para apoyar los planes de desarrollo económico y social de la República de Cuba.

10.- Facilidades para que puedan establecerse empresas mixtas de capital cubano para la transformación, aguas abajo, de materias primas.

11.- Colaboración con Cuba en estudios de investigación de la biodiversidad.

12.-Participación de Cuba en la consolidación de núcleos endógenos binacionales.

13.-Venezuela desarrollará convenios con Cuba en la esfera de las telecomunicaciones, incluyendo el uso de satélites[43].

En teoría este acuerdo no suena mal, lo que sí es peligroso, sobretodo para el pueblo venezolano, —al cubano *solo le quedan por perder sus cadenas*—, y es que se esta asociando su economía a la de un país donde la clase obrera sufre un grado de explotación extrema; de la que de alguna manera terminará contagiándose. De lo que se trata es de dar pasos concretos para unificar a los dos países en lo que algún día se llamará Estados Bolivarianos Unidos del Caribe o cosa por el estilo, se aprovecha para ello la aparente consolidación política que significó para el chavismo su victoria en el Referéndum Revocatorio del 15 de agosto de 2004 (impugnado por la oposición como el resultado de la programación hecha de las máquinas contadoras de votos), y en las elecciones regionales del 31 de octubre de 2004. De tal modo, la cooperación entre la República de Cuba y la República Bolivariana de Venezuela, se basará a partir de esta fecha no solo de "solidaridad" que existe entre sus regímenes, sino también, en el mayor intercambio de bienes y servicios. Para lograrlo, ambos países elaborarían un plan estratégico tomando en cuenta "las asimetrías política, social, económica y jurídica entre ambos países", se trata de diferencias que cada día se hacen más tenues, en la medida que triunfa en Venezuela la "conspiración" en la que Fidel Castro es reverenciado como un "Rey sol" y Chávez como su rayo... que mata.

---

[43] Ver el acuerdo en la página oficial de Cuba; cubaweb http://www.ain.cuba-web.cu/2004/diciembre/15edacuerdo.htm·

LA ASAMBLEA PARA PROMOVER LA SOCIEDAD CIVIL EN CUBA: DONDE LA PASIÓN SE IMPONE A LA RAZÓN

13. 1. EL PRESIDENTE HABLA, LA DISIDENTE ESCUCHA

Ya decíamos en el primer capítulo de este libro que entre el 20 y el 21 de mayo de 2005 se desarrolló en Cuba la Reunión General de la llamada Asamblea para Promover la Sociedad Civil. El evento, como señalábamos fue calificado por sus amigos en el exterior como una especie de primer congreso de la oposición en Cuba (no de un sector de la misma) Cabello -como veremos demiurgo de la Asamblea-, el abogado René Gómez Manzano y el ingeniero Félix Bonné Carcassés.

El *Congreso* se desarrolló en un jardín privado en Río Verde, Municipio Boyeros, al sur de La Habana. El acto comenzó con el canto del himno nacional, a continuación la directiva de la APSC reclamó la libertad de todos los prisioneros políticos declarando a

uno de ellos, el doctor antiabortista Óscar Elías Biscet como
Presidente de Honor de la Asamblea. La parte más emotiva de la
inauguración para los presentes fue la audición de un discurso rea-
lizado por George Bush, Presidente de los Estados Unidos de
América, quien desde Washington conmemoraba el CIII aniversario
de la independencia de Cuba ese 20 de mayo. George Bush destaca-
ba, entre otras figuras, la de Marta Beatriz Roque. Las palabras de
Bush transmitidas telemáticamente para el mundo por *TV y Radio
Martí*, en torno a las 10 de la mañana, llegaban a los presentes en la
Asamblea, gracias a una computadora portátil cuya pantalla Martha
Beatriz encaró a invitados:

> Me complace enviarles un saludo a todos los cubanos que celebran
> el CIII aniversario de la independencia de Cuba. Honramos los
> estrechos vínculos familiares, la fe, la religión y el patrimonio que
> nos unen a todos.
>
> Cuba tiene una trayectoria digna de orgullo de lucha por la liber-
> tad, y esa lucha continúa. Aquí en los Estados Unidos, nos inspi-
> ran los relatos de los cubanos que escaparon de la tiranía y arries-
> garon la vida para venir a nuestro país. Hay más de un millón de
> personas de ascendencia cubana en los Estados Unidos y continú-
> an haciendo que nuestra nación sea mejor y más fuerte. Hoy, hon-
> ramos a los cubanos por sus grandes contribuciones a nuestra
> nación. Enriquecen cada campo, desde las ciencias hasta la indus-
> tria y las artes. Pero hoy reflexionamos en particular sobre la gran-
> deza del pasado distante de Cuba y la promesa de su futuro.
>
> Anhelamos el día en que los cubanos ya no tengan que aguantar
> años de separación de sus familias para disfrutar los beneficios de
> la libertad. No descansaremos. Seguiremos presionando hasta que
> el pueblo cubano goce de la misma libertad en La Habana que la
> que existe en los Estados Unidos. La libertad no es un obsequio de
> Estados Unidos al mundo; la libertad es el obsequio de Dios
> Todopoderoso a cada hombre y mujer del mundo.
>
> La independencia de Cuba que celebramos hoy fue producto de la
> gran valentía del pueblo cubano y las cualidades de líderes como
> José Martí. Hoy muchos líderes futuros de una Cuba libre mues-
> tran su valentía en la lucha por la libertad. Esta semana, más de
> 360 grupos de la oposición y de la sociedad civil planean reunirse
> en la histórica Asamblea para Promover la Sociedad Civil en
> Cuba. Aquellos que participan en este evento y sus familias corren

grandes riesgos. Tengo el siguiente mensaje para los que se congregan hoy para protestar la opresión en Cuba: Durante su lucha por la libertad de su país, el pueblo de los Estados Unidos está de su lado.

En toda Cuba, muchos de ustedes toman la decisión de salir de la sombra de la represión. Felicitamos a aquellos de ustedes, como las Damas de Blanco, que se esfuerzan por generar conciencia sobre sus seres queridos que han sido encarcelados injustamente. Celebramos a los cubanos desinteresados, como Óscar Elías Biscet y Marta Beatriz Roque, que buscan la libertad de su patria.

Ayudamos a organizaciones a proteger a los disidentes y promover los derechos humanos. Trabajamos para garantizar que el pueblo de Cuba oiga la voz clara de la verdad por medio de TV y Radio Martí. Y estamos trabajando para evitar que el régimen represivo se aproveche de las divisas de los turistas y los envíos a cubanos. No aguardamos al día de la libertad de Cuba, trabajamos para el día de la libertad de Cuba.

La ola de libertad se extiende por el mundo, y algún día cercano, alcanzará las orillas de Cuba. Ningún tirano puede permanecer firme para siempre ante el poder de la libertad, porque la esperanza de ser libre radica en cada corazón. Entonces, hoy estamos seguros de que Cuba será libre pronto.

Gracias y que Dios los bendiga[44].

No faltaron entre los asistentes los gritos de *Viva Bush* —interpretados por Roque como gestos de respeto y no de sometimiento— así como los heréticos *Abajo Castro, Libertad* y *Democracia*, suficientes para desencadenar la furia de las *brigadas de acción rápida*, pero, misteriosamente, aquellas brillaron por su ausencia, a pesar del bombo y platillo con que se anunció dentro y fuera de Cuba el evento, así como la abierta ostentación hecha por sus organizadores de nexos con los denostados exiliados en Estados Unidos. Los agentes del Gobierno cubano, infiltrados entre los asistentes sin dudas, no hicieron nada que denotara su presencia. Si hubo algún boicot este se redujo al de los inesperados fumiga-

---

[44] El discurso fue trasmitido también por Internet, al escribir estas notas su video se podía bajar de: http://stream.state.gov/streamvol/cuba/Presbush052005.wmv

dores que aparecieron en los jardines cercanos, para suerte del olvidado vecindario por los funcionarios sanitarios del municipio.

Frente al *autocontrol* del régimen, se hizo más evidente la trascendencia de esta reunión, un operativo político diseñado desde adentro de la Isla pero, con un acople internacional nunca visto desde los tiempos de Bahía de Cochinos. Aquí se entrelazaron como en un engranaje perfecto el respaldo público del Gobierno norteamericano, el reconocimiento de diplomáticos y políticos extranjeros, el activismo de cubanos establecidos en Estados Unidos, Latinoamérica y Europa, así como la acción de aquellos opositores que se identifican con la línea más dura del exilio en Miami.

Al margen de las intenciones, las palabras de Bush, escuchadas, no sólo en el congreso del grupo opositor, sino en todo hogar cubano donde estuviera sintonizada *Radio Martí*, parecían redactadas por los funcionarios ideológicos del Gobierno de Cuba. Se trataba de un discurso que perjudicaba, en primer lugar a la *Asamblea* donde fue escuchado y por un efecto de metonimia a la oposición interna cubana en general. Pertenezcan o no los opositores a la APSC, al Gobierno cubano le será mucho más fácil dirigir contra ellos el antibushismo, que con razón o sin ella, campea por su respeto entre las fuerzas políticas de Europa, América Latina, de los mismos Estados Unidos y por si fuera poco en una buena parte de la adoctrinada población cubana.

Por otra parte, con sus referencias a las remesas que envían los cubanos establecidos en Estados Unidos a sus familiares en Cuba, el presidente norteamericano demostró que no hablaba para quienes viven en la Isla, sino para los que le votan en Miami. Los cubanos de la Isla sentirán más como agresión que como ayuda el intento de reducir el dinero que le llega por concepto de remesas y que les sirve para resistir las inclemencias del comunismo. Quienes dentro de la Isla apoyen esas medidas u otras —como la implementada en febrero de 2004 por la oficina de Control de Bienes Extranjeros del Departamento del Tesoro de Estados Unidos, que ordenó el pago por adelantado y al contado de las mercancías compradas por el Gobierno de Cuba (Estados Unidos había vendido en ese año casi 400 millones de dólares en alimentos al Gobierno de Cuba, mayormente maíz, trigo y soja a granel), con lo que se redujo en un 25% las ventas de alimentos a la Isla— no hacen otra cosa que alejarse de la población, en la misma medida en que se acercan a la línea más apasionada e intransigente del exilio cubano.

13. 2. APOYO INTERNACIONAL A APSC

Hagamos un repaso de las actividades de apoyo desde el extranjero, así como la repercusión internacional que tuvo, no sólo la asamblea, sino también las expulsiones ejecutadas por los funcionarios cubanos de buena parte de los asistentes extranjeros.

El 16 de mayo de 2005 fue inaugurado oficialmente el Centro de Apoyo e Información a la Reunión General del 20 de mayo en Cuba en Miami, Estados Unidos, donde participaron voluntarios de más de 130 organizaciones exiliadas en respalda a la APSC. El Centro sirvió de enlace entre la APSC en Cuba y la comunidad nacional e internacional; canalizando la información recibida de otros Centros de Apoyo establecidos en diferentes capitales y ciudades del mundo hacia medios de prensa, también tenía el propósito de monitorear los actos represivos (apenas existentes en el ámbito interno) contra los participantes de la Asamblea y por ultimo mantener un sitio cibernético con la información más actualizada sobre la Reunión General de la APSC y todos sus pormenores.

En España los abanderados en la solidaridad con la Asamblea fueron los activistas de la Plataforma Internacional Cuba Democracia ¡Ya!. El 22 de febrero de 2005 los activistas de la Plataforma invitaron al exilio cubano, la prensa y el público en general a participar el miércoles 2 de marzo al acto titulado: *"Cuba Democracia ¡Ya!, Trayectoria y Exilio"*. Se trataba de la apertura de la Campaña Internacional de Apoyo a lo que se definió como

Congreso de la Sociedad Civil Cubana del 20 de mayo. En la actividad fue presentada la imagen gráfica de la campaña, en la que podía verse el *Capitolio Nacional* —alguna vez sede del parlamento cubano—. El acto que contaba con el patrocinio de las 28 organizaciones que integran la Plataforma Cuba Democracia ¡Ya!, el Frente del Presidio Político Cubano, por supuesto la propia Asamblea para Promover la Sociedad Civil en Cuba, y el Movimiento Cubano de Unidad Democrática (MCUD). Salvo problemas técnicos con el video preparado por la Plataforma, la actividad se desarrolló exitosamente a partir de las 19.00 horas en un céntrico reparto madrileño, en la sede de la Fundación Hispano Cubana, sita en la calle Orfila Nº 8. Sí cabe notar que hubo cierto escepticismo dentro de los exiliados mas viejos que asistían a la reunión, quienes no se explicaban como habría de efectuarse un congreso opositor en la Cuba de Fidel Castro, una Cuba que sin duda asociarían con los años represivamente duros, de los sesenta.

Por las declaraciones de los organizadores del encuentro, cualquiera se habría dado cuenta que la estrategia propagandística era la de presentar al congreso coordinado por Marta Beatriz Roque y su grupo, no como la reunión de una coalición especifica en sí, sino como la Asamblea de la oposición cubana en General[45].

Sin embargo, pese a su activismo indiscutible, quienes en España promovían la APSC no lograron comprometer al gobierno de ese país. El 22 de abril emitían un comunicado titulado: "*La Plataforma Cuba Democracia Ya! decidirá si mantiene o suspende el voto de confianza otorgado al Gobierno español*"[46]. La nota expresa desconfianza en el canciller español Miguel Ángel Moratinos, por no verificarse avances prácticos en el diálogo entre la organización de exiliados cubanos y el Gobierno de España. La última frustración se produjo tras la espera, por más de 40 días, de

---

[45] Ver: Nota de Prensa de La Plataforma Internacional Cuba Democracia ¡Ya! En http://www.cubanuestra.nu/web/article.asp?artID=2413

[46] Ver *La Plataforma Cuba Democracia Ya! decidirá si mantiene o suspende el voto de confianza otorgado al Gobierno español* en http://www.cubanuestra.nu/web/article.asp?artID=2508

una respuesta a la solicitud para trasladar a La Habana, un pequeño paquete de 1000 postales promoviendo *El I Congreso de la
Democracia en Cuba*. Además, el Gobierno español había desesti-
mado un plan de 15 puntos, presentado por la Plataforma el día 30
de diciembre de 2004. Este Plan de Apoyo a la Disidencia Interna
contenía los siguientes puntos:

1. Reconocimiento formal de las entidades de la sociedad civil cubana independiente (bibliotecas, colegios profesionales etc.) y grupos
de la oposición política, mediante el apadrinamiento y hermana-
miento con organizaciones homólogas españolas. Así como for-
mulación de invitaciones a territorio español con fines de cursos,
entrenamientos, congresos y otros eventos similares.

2. Asignación de recursos de la Agencia Española de Cooperación
Internacional para la instrumentación inmediata de proyectos con
las organizaciones independientes de la sociedad civil, tanto en el
interior de la Isla como en el territorio español.

3. Que cada visita de un alto cargo político a Cuba, genere un contacto
con los líderes opositores.

4. Apadrinamiento de los prisioneros políticos y de conciencia, así
como a sus familiares.

5. Propiciar la relación de los periodistas independientes con la TV y
la Radio públicas españolas.

6. Instrumentar el acceso de la sociedad civil y los grupos opositores
a resúmenes de prensa, literatura e Internet, no sólo en La Habana,
sino en las provincias donde existan delegaciones consulares españolas.

7. Invitar a líderes opositores a participar como observadores en sesiones de la Cámara de Diputados y el Senado español, como una
forma de vincularlos a las buenas prácticas democráticas.

8. Establecimiento oficial de contactos frecuentes entre las autoridades del servicio exterior español y las diferentes organizaciones de
la oposición cubana.

9. Apoyo oficial a las iniciativas internas de la sociedad civil, tales
como el próximo Congreso Nacional de la Asamblea para
Promover la Sociedad Civil.

Con el exilio cubano en España:

1. Viabilizar de manera práctica la coordinación entre las agrupaciones del exilio y las agrupaciones del interior de la Isla.

2. Apoyo a un próximo Congreso de Agrupaciones Opositoras en territorio español.

3. Facilitar de manera concreta la integración en la sociedad civil española de las asociaciones del exilio cubano, como mínimo al mismo nivel que se ha apoyado históricamente la integración de asociaciones pro castristas o que responden a asociaciones matrices con sede en suelo cubano, evitando así el agravio comparativo.

4. Determinar con las asociaciones de exiliados cubanos las vías para la integración de la emigración cubana. Solicitamos que al igual que se ha hecho con otras representaciones de emigrantes, se produzca urgentemente un primer encuentro de trabajo con Dña. Consuelo Rumí, Secretaria de Estado de Emigración y Extranjería.

5. Crear gubernamentalmente los canales de contacto entre las organizaciones del exilio y las asociaciones de inversores en Cuba, para abordar entre otros temas los cuestionamientos que desde el interior de la Isla se generan en áreas tan sensibles como la participación de las empresas extranjeras en la degradación del medio ambiente, la explotación de mano de obra al margen de los convenios internacionales de la OIT [Organización Internacional del Trabajo] y la discriminación racial en determinados puestos de trabajo.

Hay que reconocer que el trabajo de la Plataforma a favor de la Asamblea no se redujo a España. En Suecia, Guillermo Milán, representante de la coalición, consagró su página de Internet titulada *Democracia y Vida* [http://www.cubademocraciayvida.org] a la defensa y promoción más apasionada del encuentro de la APSC, atacando desde ella a quienes osaran criticar al evento, como es el caso de Oswaldo Payá. Los reproches de Milán no quedaron en las redes, repercutieron incluso en la prensa sueca al ser entrevistado por Tove Wennergren del periódico *Dagens Nyheter* el delegado de La Plataforma, pero ahora presentándose en condición de representante de la APSC. Así es que apareció el nombre de Guillermo Milán en un artículo firmado por el periodista sueco, y publicado en 20 de mayo de 2005, bajo el título de "Splittrande demokratikonferens på Kuba" (Dividida conferencia democrática en Cuba). En su trabajo Wennergren destacaba la falta de consenso en el apoyo, por parte del movimiento democrático cubano, a la reunión de la APSC; aquí se recordó la negativa de Osvaldo Payá a participar en dicha asamblea, entre otras razones por considerarla *un fraude a la oposición*. En la misma nota Guillermo Milán, aunque reconoce sus dificultades de entender a Payá, afirma que el Premio Sájarov 2002 *seguro estaba lleno de envidia* por el éxito de la Roque a la hora de manejar la reunión. El periodista del *Dagens Nyheter* recordó de paso a sus lectores que a la parlamentaria liberal sueca, Birgitta Ohlsson, -presidenta de la Asociación Republicana y directivo tanto de La Agencia Sueca de Desarrollo Internacional como del Centro Internacional Liberal Sueco- le fue negada su visa para visitar Cuba, con el propósito de la de participar como observadora en el congreso de APSC.

El 2 de marzo de 2005 Rigoberto Carceller Ibarra (a la izquierda) y Miguel A. García Puñales, miembros de la Junta Directiva Internacional de la Plataforma Cuba Democracia Ya, anuncian la apertura de la Campaña Internacional de Apoyo al Congreso de la APSC, la actividad tiene lugar en la sede de la Fundación Hispano Cubana, en Madrid.
Foto: Carlos M. Estefanía.

Pero la crítica contra Payá por acatar los dictados de la
Asamblea, no se redujo en Suecia a la página de Guillermo Milán,
también aparecen en el portal *presslingua.com*, donde se aloja la
revista *Miscelánea de Cuba*. Se trata de una publicación cuyo
dueño y director es el pequeño empresario cubano Alexis Gainza,
miembro de la directiva del Centro Internacional Liberal Sueco -
institución que también contribuye al financiamiento de
Miscelánea- y paradójicamente, uno de los fundadores del Comité
Pro Premio Nóbel a Oswaldo Payá.

Primero en este portal y luego en la versión impresa de
Miscelánea de Cuba apareció la nota firmada por Juan Mario
Rodríguez, bajo un diplomático título; "Diferencias
Reconciliables"[47] que no refleja el parcializado enfoque que se da
del conflicto *Roque-Payá*. En la nota de *Miscelánea de Cuba* se
alude a declaraciones del líder del Movimiento Cristiano
Liberación, sobre *presuntas* campañas de descrédito de los líderes
de la Asamblea para Promover la Sociedad Civil contra el *Proyecto
Varela y el Diálogo Nacional y* se le cita cuando afirma; "que no
podemos engañar a la opinión pública internacional y al pueblo cubano en
aras de la imagen de una falsa unidad entre los anticastristas que operan en
la Isla, al explicar el porqué de las críticas contra otros disidentes". La respuesta del articulista de *Miscelánea* a estas críticas fue:

> Es encomiable señalar, que ante los "furibundos" ataques de Payá,
> la dama única [en alusión a Martha Beatriz Roque] de los 75 de la
> primavera de 2003, sólo atinó a declarar que sus palabras "no
> merecen comentario" [...].

> Aunque le asiste todo el derecho del mundo, las declaraciones de
> Payá no pudieron estar más fuera de contexto, toda vez que el
> beneficio de cualquier duda en éstos momentos, favorece realmen-
> te al régimen de Fidel (politi) Castro Ruz [...]. Cabe señalar —dis-
> crepando con Marta Beatriz Roque— la real importancia que
> entrañan las declaraciones emitidas por el Movimiento Cristiano
> Liberación, que resultan verdaderamente antidemocráticas y, des-

---

[47] Publicado en *Misceláneas de Cuba*. Número 2, Marzo-Abril 2005, que edita
Alexis Gainza en Estocolmo, con respaldo financiero del Centro Internacional
Liberal Sueco.
También en http://www.presslingua.com/web/article.asp?artID=1432 .

afortunadamente, también históricas; un derroche de energías des-
viadas de la propagación del Diálogo Nacional dentro del país y de
la cohesión del propio movimiento.

El pueblo cubano y el mundo no olvidarán que aquel, de quien un
día nació una iniciativa tan elocuente como el Proyecto Varela, se
enfrascó desatinadamente en un infructuoso diferendo con otros
líderes opositores a la tiranía castrista, con —no se entiende— par-
ticulares pretensiones que no aportan a la causa de la libertad.

Alexis Gainza Solenzal (izquierda) presenta *Miscelánea de Cuba*
a Casey Christensen, consejero político de la Embajada estadounidense en Suecia, el 5 de mayo 2005, en Estolcolmo.
Foto: Germán Díaz Guerra, de la revista *Cuba Nuestra*.

Hay que reconocer en sus diferentes ediciones de *Misceláneas de Cuba* ha publicado materiales y comunicados del Movimiento Cristiano Liberación, mas el compromiso incondicional de la redacción con el congreso de la APSC se evidenció con particularidad en el número 3 de la revista (mayo-junio de 2005), allí, además de publicarse el proyecto de resolución del la Asamblea, en el Editorial se hace referencia a sus participantes con los siguientes términos:

> "...Los com(patriotas) congregados en el mangal de Rio Verde, proclamado *Primer Territorio Libre de Cuba*, contribuyeron a la ósmosis del verbo y la acción,de la palabra y el acto, del programa y el ejercicio de la política y la practica:¡Hicieron Historia!".

Y para que no nos quepa dudas de la alineación de Miscelánea de Cuba, su director cerrará el editorial del número No 4, Julio-Agosto, 2005 con el eslogan de la Asamblea: ¡Para Cuba Ya Es Hora!; un texto donde se toma partido a favor de la llamada declaración de Bruselas del 2 de Junio de 2005 - que la revista publica en sus páginas 81-83. Se trata de un documento en el que se Recomienda a la Unión Europea restaurar las sanciones políticas y diplomáticas hacia Cuba, fue aprobado por los participantes en el Día de Estudio sobre Cubanos, actividad organizada por: Partido Popular Europeo, Demócratas Europeos en el Parlamento Europeoa, Alianza de Liberales y Demócratas por Europa así como el Comité Internacional para la Democracia en Cuba. El guiño de Miscelánea a la intransigencia que se completa con la publicación en la página 29 de una carta del Secretariado Ejecutivo de APSC dirigida a los congresistas Lincoln Díaz-Balart, Mario Díaz-Balart, Bob Menéndez e Ileana Ros Cubanoamericanos, fechada en La Habana el 24 de junio del 2005. En la misiva Félix Bonne Carcassés, René Gómez Manzano y Martha Beatriz Roque Cabello piden que se informe al Congreso norteamericano que: "nuestra coalición [la APSC] no apoya la adopción por parte de los Estados Unidos de medidas unilaterales dirigidas al levantamiento total o parcial del embargo existente".

De tal modo, la redacción de Miscelánea se convierte en Escandinava en lo mismo que ha terminado siendo, dentro de Cuba, la Asamblea Para Promover la Sociedad Civil: en megáfono de las posiciones más viscerales del anticastrismo, aquellas que desechan el diálogo, optando por las sanciones y el aislamiento de la isla, como vía "idónea" para derrotar a su régimen.

En el caso de Francia unos 45 diputados, quienes en su mayoría apadrinan a presos políticos cubanos, parecen haberse comprometido de algún modo con el respaldo al Congreso de la APSC. De acuerdo a un comunicado firmado por William Navarrete, representante de La Asociación por la Tercera República Cubana- esa sería la cifra de parlamentarios franceses que solicitaron visa para ir a la Asamblea del 20 de mayo[48]. Confirmando la noticia con Jorge Masetti de la organización "Cuba sin Visa", declaró que se trataba en realidad del número de firmantes de un documento de apoyo a la Asamblea. De cualquier modo lo cierto es que los cubanos en Francia, lograron involucrar a representantes de las más variadas tendencias políticas en la campaña de solidaridad con la Asamblea.

Contra los invitados europeos, y algunos cubanos exiliados que acudieron al Congreso, fue que se centraron las operaciones del Gobierno cubano relacionadas directamente con la reunión de disidentes, una especie de represión colateral y de baja intensidad, que demostraba que si algo le despreocupaba a las autoridades de la Isla era la reacción internacional ante sus actos. Las autoridades o les negaron las visas, o deportaron a buena parte de los extranjeros o expatriados que intentaron asistir al encuentro, entre ellos unos 18 eurodiputados europeos.

Las protestas no se hicieron esperar: en torno al 20 de mayo El Partido Radical, junto con organizaciones no gubernamentales, algunas de exiliados cubanos, organizaron manifestaciones en capitales y ciudades de Europa como Bruselas, París, Roma, Milán, Madrid, Barcelona, Moscú, y Zaragoza. El Gobierno de la República Checa reaccionó con enojo a la expulsión por parte de Cuba del senador Karen Scwarzenberg, colaborador del anterior presidente Vaclav Havel, a quien la policía de la Isla arrestó y deportó sin que este hubiese quebrado ley alguna y teniendo una visa cubana. El

---

[48] Ver en "Cuarenta y cinco diputados solicitan visa para ir a la Asamblea del 20 de mayo", por William Navarrete [http://www.cubanuestra.nu/web/article.asp?artID=2550].

residente del Senado checo, Premysl Sobotka, calificó la expulsión del parlamentario Schwarzenberg de Cuba como algo inaceptable y dijo que constituía una flagrante violación del derecho internacional.

Los eurodiputados Boguslav Sonik y Jacek Protasiewicz, del *Grupo Popular Europeo* tampoco pudieron atravesar la aduana cubana, a pesar de presentar sus pasaportes diplomáticos, fueron obligados a subir en el mismo avión en el que habían llegado y regresar a Europa. Como respuesta Amadeu Alfataj, portavoz comunitario de Desarrollo y Ayuda Humanitaria por la Comisión Europea calificó de *inaceptable* la expulsión por parte de las autoridades cubanas de parlamentarios europeos que se encontraban en la Isla, mientras que la Unión Europea (UE) declaraba que sus relaciones con Cuba podrían verse afectadas por tales expulsiones.

Desde Francia la organización de defensa de la libertad de prensa, Reporteros Sin Fronteras (RSF) lanzó un comunicado de protesta por la detención de tres periodistas polacos y su traductor y de un corresponsal italiano en La Habana. Según RSF se trataba de , Seweryn Blumsztanjn, del diario *Gazeta Wyborcza*, Jersy Jurecki, del diario regional *Tygodnik Podhalanski*, Wojciech Rogasen, de *Newsweek Polonia*, y su traductor Maciej Sarna, quienes fueron detenidos la noche del 19 de mayo en La Habana. Una condena similar fue realizada en Nueva York, el Comité para la Protección de los Periodistas denunció las detenciones y expulsiones de los redactores que viajaron a Cuba para informar sobre el congreso de los opositores.

Dos eurodiputados polacos que querían asistir al evento de la APSC fueron obligados a abandonar el aeropuerto de La Habana y volar a México. El embajador de Polonia en Cuba, Tomás Durowsky, confirmó la expulsión de la Isla de un total de seis ciudadanos de su país que pretendían asistir al congreso, entre ellos tres periodistas. Esto provocó que el Ministerio polaco de Asuntos Exteriores calificará las detenciones y expulsiones de sus ciudadanos como violaciones inadmisibles del derecho internacional.

En Alemania —cuyo diputado Arnold Vaatz recibió en La Habana el mismo trato que le checo Karen Scwarzenberg— el ministro de Asuntos Exteriores Joschka Fischer, criticó por igual la expulsión de Cuba del senador Schwarzenberg y del diputado Vaatz, calificando de inaceptable la actitud de las autoridades cubanas.

Guillermo Milán en la reunión anual del Comité Pro Premio Nóbel a Oswaldo Paya, celebrado en Estocolmo el 16 de febrero de 2005. Le compaña la subdirectora de la revista *Miscelánea de Cuba*, Mae Liz Orrego quien lee poemas dedicados a los disiden-tes cubanos, Orrego otra de las promotoras de la APSC será elegida ese día copresidenta del Comité Payá.
Foto: Germán Díaz Guerra, de la revista *Cuba Nuestra*.

En Italia una carta de protesta fue enviada al Gobierno cubano firmada por diez diputados y senadores italianos de los mayores partidos políticos de gobierno. Paolo Serventi Longhi, secretario general de la Federación Nacional de la Prensa Italiana expresó su protesta por la expulsión de Cuba de numerosos periodistas, entre ellos, del enviado especial del diario milanés *Corriere della Sera*, Francesco Battistini. Mientras el Ministro de Relaciones Exteriores de Italia, Gianfranco Fini, convocó a la embajadora de Cuba, María de los Ángeles Florez Prida, para pedir explicaciones sobre la detención en La Habana de Battistini. Por su parte el diputado Gustavo Selva, presidente de la comisión parlamentaria de Relaciones Exteriores y miembro del partido Alianza Nacional, señaló la necesidad de adoptar una línea dura hacia La Habana, sin importar los intereses económicos italianos que pudieran afectarse con esta.

En España el Ministerio de Asuntos Exteriores convocó urgentemente al embajador cubano Alberto Velazco para pedirle explicaciones por las expulsiones desde Cuba de las exsenadoras Isabel San Baldomero y Rosa López Garnica y el diputado Jordi Xuel. Por su parte el l ministro de Justicia Juan Fernando López Aguilar, calificó de "incidente desagradable las expulsiones como un acto inaceptable dentro de las relaciones bilaterales y multilaterales". Algo similar declaraba el ministro español de Asuntos Exteriores y Cooperación, Miguel Ángel Moratinos quien, enjuició las expulsiones de los diputados como inaceptables.

En Suecia, en una nota oficial del Partido Liberal Sueco[49] difundida el 19 de mayo por Birgitta Ohlsson, la parlamentaria a la que se le impidió su viaje a Cuba, denunciaban la negación de la visa y demandaba que su país revisara la política de ayuda a Cuba ya que, según la representante liberal, los recursos que de aquí provienen pueden ser utilizados como medios de opresión. En su lugar, recomienda la Parlamentaria, debe el país escandinavo apoyar el desarrollo del movimiento democrático. Por último solicitaba que Suecia enviara un representante gubernamental al encuentro de los

---

[49] El artículo aparece publicado en la Página del Partido Liberal de Suecia: http://www.folkpartiet.se/templates/PressReleaseListing____14370.aspx?pkID=19092.

opositores como manera de mostrar el apoyo sueco al movimiento democrático; pedido que el Gobierno socialdemócrata nunca concedió.

La parlamentaria Birgitta Ohlsson, uno de los puntales del respaldo sueco a la APSC.
Foto tomada de la página del Parlamento Sueco.

El día 20 a la misma hora en que se desarrollaban en otras capitales de Europa manifestaciones de apoyo al evento de APSC, la parlamentaria Ohlsson, encabezó un pequeño meeting frente a la Embajada Cubana, en conmemoración del aniversario de la República. Junto a ella se encontraban Alexis Gainza Solenzal, Mae Liz Orrego, director y subdirectora respectivamente de *Miscelánea*, el solicitante de asilo en Suecia William Mesa Pons así como el joven sueco de origen kurdo Avni Devishir, Presidente del Comité Internacional de la Asociación de Jóvenes Liberales Suecos, noticia que fuera reportada para el mundo por las ondas etéreas e internéticas de *TV y Radio Martí*[50].

Y es precisamente en *TV Martí*, televisión que emite hacia Cuba desde Miami con recursos de Estados Unidos, donde se ofrece la mejor muestra del apoyo transnacional recibido por el llamado el *I primer Congreso de la Oposición*. Culminada la Asamblea de la APSC, y durante la semana que le sucedió *TV Martí* estuvo transmi-

[50] Ver de Alexis Gainza: Cubre Televisión Martí Manifestación en el Día de la República en Estocolmo, Suecia en http://www.presslingua.com/web/ article.asp?artid=2095.

tiendo un programa integro dedicado al evento, material que también pudo ser visto en el Internet. Entre otros reportajes que conformaban este espacio, estaba el de Álvaro Alba, en el que Marta
Beatriz Roque señalaba el *momento histórico* significado por el
hecho de que por primera vez se permitiese un evento de este tipo
en Cuba, evento al que calificaba como *triunfo de toda la oposición*.
Así mismo podía verse en la pantalla al Primer Secretario de la
Embajada Checa lamentando la expulsión de sus compatriotas.

El programa le dio también oportunidad de expresar su respaldo
al Congreso de la ASPC a representantes cubano americanos que
han hecho de la intransigencia y la defensa del embargo estadounidense un medio de ascenso en su carrera política; entre ellos al senador republicano por el estado de la Florida, Mel Martínez, así como
los congresistas republicanos, Lincoln Díaz Balart —quien destacó
el nacimiento de una generación de líderes de la República cubana—, y su hermano Mario Díaz Balart —quien también aludió al
liderazgo de la Cuba del Futuro—. En el programa se transmitió
además un saludo de James Cason quien valorando positivamente el
encuentro, subrayó la apertura y la democracia con que se debatieron los estatutos; *fue un proceso libre, en que habrían entre 120 a
150 delegados,* testificó el diplomático estadounidense, dando sin
querer información sobre el bajo quórum con el que contó el congreso de una organización como APSC, que dice agrupar a 360 organizaciones.

En el programa se habla con amplitud del Centro de Información
y Apoyo a la Asamblea, allí se entrevista a una de las figuras más
importantes en el impulso del Centro; a Sylvia G. Iriondo, una de las
promotoras fundamentales dentro del exilio de la figura de Martha
Beatriz Roque y presidenta de Madres y Mujeres Anti-Represión
por Cuba (MAR), se trata de una organización que, según sus estatutos aboga: por el cambio del sistema que impera en Cuba, y no por insertar reformas dentro del mismo, también por la libertad plena y la democracia verdadera, base de la genuina reconciliación nacional, que no conlleva
el reconciliarse con los opresores y verdugos de nuestro pueblo[51].

---

[51] Ver Declaración de Principios de Mar Por Cuba en http://www.marporcu-
ba.org/Declaraciones/DeclaraciondePrincipios.htm.

También se entrevistó para el programa a Teresa Cruz, de la Fundación Nacional Cubano Americana, quien viajó a Cuba llevando un teléfono satélite para garantizar la comunicación de los asamblearios con el mundo. Cruz fue detenida en el aeropuerto y deportada.

Los hermanos Díaz Balart vuelven a aparecer en escena, ahora en el Centro de Información, aquí Lincoln reitera su advertencia al mundo sobre los nuevos líderes de *la Cuba Democrática del Futuro* a quienes identifica con los organizadores del Congreso de opositores, según Balart la autoridad moral que les otorga el riesgo asumido por Roque, Bonne y Manzano se revertirá en votos mañana y recomendó a la comunidad internacional *ponerse a bien* con esos *líderes* en lugar de hacerlo con Fidel Castro. Otros de los entrevistados en el Centro y que dieron su respaldo más caluroso a los asamblearios fueron Ramón Saúl Sánchez del Movimiento Democracia, y el excomandante guerrillero y uno de los primeros disidentes de la revolución Hubert Matos, secretario general del movimiento Cuba Independiente y Democrática, celebre por su libro de memorias *Cómo llegó la Noche*[52]. Se trata en estos casos de políticos que opuestos a cualquier diálogo con el oficialismo cubano y partidarios del mantenimiento del embargo, son ellos a su vez quienes con más fuerza respaldan a la APSC.

Por su parte el reportero William Valdés, se refirió a las expulsiones de los políticos europeos así como a las declaraciones oficiales con las que respondió el viejo continente Entre sus entrevistados tendrá al checo Karen Scwarzenberg y al alemán Arnold Vaatz. Según Valdés por lo menos en nueve capitales hubo demostraciones de apoyo. Comienza refiriéndose a la de los exiliados cubanos de Estocolmo reunidos con una parlamentaria a la que no se le permitió viajar a Cuba, en evidente alusión a la manifestación realizada frente a la Embajada de Cuba donde participara la representante liberal Birgitta Olhsson.

Valdés se refirió también a marchas de protestas contra las expulsiones, efectuadas en las ciudades de Roma y Milán, informando de

---

[52] MATOS, Huber (2002). *Cóomo llegó la Noche*. Tusquets Editores, Barcelona.

paso que en la segunda ciudad un autobús desconocido había embestido a los manifestantes.

Por su parte el reportero Miguel Manrique entrevistó en Madrid a Rigoberto Carceller, de la Plataforma Cuba Democracia ¡Ya!, a Antonio Guedes de la Unión Liberal Cubana y a Aurelio Vandama por la Asociación cubano-española. Todos manifestaron el respaldo de sus organizaciones al *Congreso* de la APSC. A continuación fueron mostradas secuencias de la los actos de repudio al Gobierno de Cuba realizados frente a su embajada en Madrid. Una protesta similar que tenía lugar frente a la sede diplomática cubana en París, reportada en este caso por Luis Guardia, entre cuyos entrevistados estarán el ya aquí mencionado William Navarrete y la escritora Zoe Valdés, participantes de la manifestación de respaldo al encuentro de los grupos aglutinados por Marta Beatriz Roque.

Pero lo más interesante, por su comedimiento, en el Programa de *TV Martí* dedicado al encuentro auspiciado por la APSC, fue la entrevista con la que éste finaliza; se trata de una charla entre los conductores y Orlando Gutiérrez del Directorio Democrático Cubano[53]. Aquí Gutiérrez reduce un tanto el protagonismo de la APSC al ubicarla, acertadamente, como muestra de un movimiento mucho más amplio, el de la sociedad civil en Cuba, donde incluye el, reprobado por los extremistas de ambos bandos, *Proyecto Varela*. Interrogado por las causas de que el Gobierno no reprimiera a los congresistas de la APSC, Gutiérrez opinó que al régimen no le quedan más opciones ya que necesita de cierto reconocimiento internacional. En este caso, según el representante del Directorio, Fidel Castro estaba comprando tiempo a la vez que perdía terreno.

Con relación al impacto internacional de las expulsiones, Gutiérrez anticipó que éste sería negativo. El analista aclaró además que si bien a Fidel Castro no le importa la comunidad internacional, con ella sí cuentan quienes rodean al *Comandante*, y que la tolerancia con la Asamblea podría ser una vía para lograr el levantamiento de las sanciones de la Unión Europea —lo cierto es que a mediados

---

[53] Esta organización tiene su página de Internet en http://www.directorio.org/spanish/directorio_sp.htm.

de junio la UE decidió mantener la suspensión de sus sanciones políticas contra Cuba por un año más, con la esperanza de promover la mejora de los derechos humanos en ese país—. Por último, Orlando Gutiérrez señala la *incoherencia represiva* actual en la Isla como expresión de la tirantez entre los sectores internos, más y menos inteligentes, del régimen.

13.3. ¿CONGRESO DE LA OPOSICIÓN O DE CIERTA OPOSICIÓN?

La ASPC, lanzó su congreso sin haber garantizado previamente el consenso del resto de los grupos opositores, a quienes no se les incluyó o conquistó para que integraran la comisión organizadora. Eso sí, el respaldo del exilo duro estuvo garantizado desde el principio. No es de extrañar, que la visión de numerosos actores del movimiento democrático antes y después del evento, con la sostenida por sus auspiciadores dentro y fuera de Cuba.

Ya el 13 de mayo de 2005, el *Miami Herald* anticipaba, bajo el título de "Disidentes cubanos se preparan para un controvertido congreso", la tormenta. Aquí el diario se hizo eco de serias críticas internas [54] como las provenientes de Estrella García, responsable de una biblioteca independiente y miembro fundacional de la APSC. Según García, *"La Asamblea no representa a la disidencia"*, y aseguraba que colaboradores de Marta Beatriz Roque la *acosaron* para que fuera a la reunión. En el artículo también se cuestiona el desinterés económico de Roque, cuando se le da la voz a Yacel Benítez, representante de un movimiento de homosexuales antes afiliado a la APSC, quien declara: *"Esta Asamblea es para recaudar dinero para vivir ella [Roque] y no para derrocar al régimen de Castro"*. Por supuesto en la misma nota se hace alusión a los distanciamientos más sonados: el del activista Oswaldo Payá y el de las *"damas de blanco"*, la agrupación de mujeres de los 75 disidentes y opositores arrestados en 2003, entre los que se encontraba la misma Beatriz

---

[54] Ver de Andrea Rodríguez, "Disidentes cubanos se preparan para un controvertido congreso" [http://www.miami.com/mld/elnuevo/news/world/cuba/11641397.htm].

Roque, liberada condicionalmente, junto a otros 13 disidentes enfermos en 2004. Según el *Miami Herald* algunas de las esposas de los presos, a título personal, dijeron que la reunión de la APSC era una *provocación* destinada a desatar una nueva represión.

Las discrepancias con la Asamblea, más o menos abiertas, no se reducen a lo anteriormente expuesto; hubo alejamiento también por parte de sindicalistas independientes. Según la nota*"No Participará Organización Sindical en la Asamblea"*, fechada el 28 de abril de 2005 y firmada por Aimee Cabrera, de la agencia de prensa independiente *HavanaPress*[55]. Pedro Pablo Álvarez Ramos, uno de los arrestados del llamado Grupo de 75 —condenado a 25 años de prisión— y secretario general del Consejo Unitario de Trabajadores Cubanos (CUTC) y, quien se encontraba cumpliendo 25 años de privación de libertad en la Prisión Combinado del Este, en La Habana, había dado a conocer que el CUTC, no participaría en la reunión del 20 de Mayo por no ser miembro de la APSC. Álvarez incluyó en esa declaración, tanto a los sindicalistas que atienden las secretarías del Consejo, a los miembros de sus delegaciones municipales y provinciales, como a los bibliotecarios independientes de esta organización sindical.

Pero si bien la Asamblea de la APSC no ganó para sí el apoyo total del resto de las organizaciones que trabajan por la democratización dentro de Cuba, su respaldo desde el exilio sí fue generalizado, desde sectores mas o menos moderados hasta grupos que a estas alturas todavía proclaman una lucha armada y fraticida como vía para solucionar el problema de Cuba, tal es el caso de Alfa 66[56]. La publicación en Sitio Oficial de la Asamblea para Promover la Sociedad Civil en Cuba de una carta de respaldo a la misma emitida por el grupo armado, el 29 de mayo de 2005, solo sirvió para facilitar el trabajo a los propagandistas internacionales del Gobierno de Fidel Castro. Es lo que se demuestra en el artículo "Hablan las organizaciones que apoyan y financian una cumbre anticastrista en la

---

[55] "Sindicalistas independientes no participarán en reunión de la Asamblea para Promover la Sociedad Civil en Cuba", en http://www.cubanuestra.nu/web/article.asp?artID=2544.

[56] "Contraproducente apoyo de Alfa 66 a Asamblea para Promover la Sociedad Civil en Cuba" [http://www.cubanuestra.nu/web/article.asp?artID=2524].

Habana"[57] aparecido en la página *Rebelión*, en un artículo de Pascual Serrano:

> En referencia al encuentro anticastrista de mayo, Alpha 66 en un comunicado público afirma que "se honra en dar a conocer por este medio su más amplia y fraterna solidaridad, a lo que considera una feliz iniciativa". Asimismo expresan su "reconocimiento a Martha Beatriz Roque Cabello, René de Jesús Gómez y Felix Antonio Bonne Carcassés" y afirman esperar que ""la realización de la Asamblea para Promover la Sociedad Civil en Cuba dé sus buenos frutos".
>
> No es esta la única organización armada y violenta que apoya la reunión del 20 de mayo. También se encuentran los colectivos Presidio Político Cubano y Movimiento Revolucionario 30 de Noviembre Frank País. Estas organizaciones insertaron un anuncio pagado el pasado 5 de marzo en el *Diario de las Américas* en el que afirmaban que "la única opción verdadera para alcanzar la libertad no es otra que la insurrección armada y la rebelión popular". Ratifican en ese comunicado su "convicción de la imperiosa necesidad de continuar con voluntad de hierro la lucha insurreccional" y afirman que "consideramos moralmente válido el uso de cuanto método sea posible". Según afirman en el *Diario de las Américas* "para nosotros transición pacífica es un simple eufemismo por criminal traición al pueblo de Cuba".

Sin dudas el respaldo a un grupo de la oposición interna, que se supone pacífica, por parte de una organización que no ha renunciado a la lucha armada, no sólo facilita los intentos del régimen de presentar al movimiento democrático de la Isla como una especie de brazo político de los grupos beligerantes, sino que puede convertir en "culpables por asociación" a las organizaciones internacionales, que de buena fe habrían de dar su respaldo a la Asamblea para Promover la Sociedad Civil en Cuba. En este sentido, se le ha entregado de manera gratuita al Gobierno cubano, un material de primera para desacreditar a personalidades y políticos europeos que apoyaron públicamente el Congreso de la APSC y que hasta el momento han demostrado una solidaridad intachable con el pueblo de Cuba, alejados por igual de las posiciones fundamentalistas, tanto de los comunistas cubanos como de algunos sectores que les combaten

---

[57] Ver el artículo en http://www.rebelion.org/noticia.php?id=14699.

en el exilio. El régimen cubano ha tenido como prioridad propagandística fundamental etiquetar a sus críticos como extremistas o personas asociadas a tales, los respaldos y posiciones asumidas por la APSC en su congreso, le vienen como anillo al dedo en este propósito. Lo anterior encaja perfectamente con algunas de las suposiciones vertidas en el editorial del diario digital *Encuentro en la red*, publicado el 24 de mayo de 2005, bajo el título de "Congreso opositor en La Habana"[58]. Aquí la redacción de la publicación internética se pregunta sobre las razones qué habrían llevado al régimen de Fidel Castro a permitir el Congreso de la Asamblea para Promover la Sociedad Civil. *Encuentro en la red* no descarta que la intención de Castro fuera precisamente la de otorgar más protagonismo a Roque Cabello, cuya línea —para colmo respaldada por Alfa 66— resulta más fácil combatir dado su favorecimiento del embargo estadounidense, su sintonía con la actual administración norteamericana y su renuencia a pactar con las autoridades cubanas la transición. Para el Gobierno de la Isla, presentar a los grupos participantes en la Asamblea como anexionistas y pagados por Washington, sería algo mucho más sencillo que contrarrestar un movimiento como el que representa el *Proyecto Varela*, opina *Encuentro en la red*.

Otras valoraciones acertadas sobre el evento, son las que se vierten en el *Diario de New York* el 24 de mayo. En el artículo titulado "Interrogantes sobre congreso disidente en Cuba"[59], firmado en La Habana por Andrea Rodríguez, se insiste en el misterioso hecho de que el Gobierno cubano permitiera la realización de una cita, en cuya declaración final exige un retorno al capitalismo y al pluripartidismo, y donde se le tilda con el nada eufemístico nombre de "estalinista". Rodríguez subraya que en el documento de clausura no se reconozca el menor logro a la administración de Castro, por el contrario, se le cuestiona —algo que analizaremos en detalles más adelante— hasta en la sinceridad con que dice aplicarse a la lucha antiterrorista. El periódico reproduce además las calificaciones dadas por Oswaldo Payá, sobre la Asamblea cuando las tilda de fraude que

---

58 Ver este editorial en http://www.cubaencuentro.com/editoriales/ 20050605/10452adb8d04c7ea5f6574170e22255a.html.

59 Ver este artículo en http://www.cubanet.org/CNews/y05/may05/ 25o11.htm.

no representa a la mayoría de la oposición, ni siquiera a los grupos más importantes, así como sus acusaciones de que Roque y su grupo "*coordinaban*" las actividades con la seguridad del Estado, no porque fueran colaboradores de la misma, sino por la cercanía que habían tenido con agentes recientemente *destapados*. La periodista transmite otras opiniones como la del economista disidente y proporcionalmente expreso político Óscar Espinosa Chepe quien considera *bienvenida* la tolerancia oficial al Congreso, aunque alerta sobre el impacto de las posiciones del encuentro, extremadamente derechistas, temiendo lo mismo que ya hemos apuntado más arriba; que "*el Gobierno trate de identificarnos con el sector 'ultra' de Miami y no es cierto*". Espinosa Chepe destaca además que el documento final de la Asamblea no mencionara una sola vez las palabras *diálogo* o *reconciliación*, conceptos considerados por él como fundamentales para superar las diferencias entre cubanos.

El *Diario de New York* señala como uno de los aspectos mas criticado del congreso la difusión durante el mismo del mensaje de apoyo a la APSC enviado por George W. Bush así los vítores al presidente estadounidense dados por parte del centenar de asistentes. En este caso se cita textualmente al socialdemócrata Manuel Cuesta Morúa, cuando afirma que el comunicado de Bush *aleccionando a los cubanos* era un *error*. A Morúa, según el periódico norteamericano, tampoco le gustó la declaración final por implicar esta una posición de ruptura absoluta con el Gobierno, una actitud que, apunta, no contribuye al *necesario respeto de la diversidad política en la Isla*. El directivo de Arco Progresista ofrece nuevas hipótesis sobre las razones por las cuales las autoridades permitieron la reunión de la APSC: una sería un sentimiento más tolerante con los disidentes por parte de los funcionarios, —evidencia que los sectores radicales del exilio se niegan a aceptar— la otra posible razón, según el socialista opositor, es que el Gobierno habría preferido no distraer la atención del caso del anticastrista Luis Posada Carriles —catalogado de terrorista por el Gobierno cubano—, detenido en Estados Unidos y cuya deportación a Venezuela se demandaba en esos días desde La Habana y Caracas.

Por su parte el líder de la Comisión Cubana de Derechos Humanos y Reconciliación Nacional, Elizardo Sánchez, también citado por la periodista expuso su sorpresa por la *normalidad* bajo la cual se desarrolló la cita, la cual creyó que habría sido aplastada, y halló la explicación en que las autoridades buscaran una *imagen internacional de tolerancia*, coincidiendo de cierta manera con la explicación dada al hecho por Orlando Gutiérrez del Directorio Democrático Cubano en el programa dedicado a la reunión de APSC por *TV Martí*.

Uno de los artículos más duros de cuantos criticaron la asamblea, fue escrito a 14 días del evento por P. Duchesne. Aparece publicado, con posteriodad al evento, en las páginas 17 y 18 de la revista ENEPE-CE. número 13, Mayo-Junio del 2005. El autor recuerda que ni siquiera en los países excomunistas de represión moderada como, fueron Checoslovaquia, Hungría y Yugoslavia pudo cristalizar la idea de un congreso disidente, y que por ideas mucho menos atrevidas Vaclav Havel fue condenado a prisión. Duchesne considera que estaríamos en la etapa preparatoria de otro de los Shows de Castro, con agentes infiltrados que al final se destaparán, señala lo inconcebible de que se haya permitido a Martha Beatriz Roque preparar la reunión cuando la licencia extrapenal bajo la cual fue liberada conllevó el compromiso de no realizar actividades políticas. El analista también expone su asombro por el hecho de que Roque, habiendo pasado todo el tiempo de su prisión en el hospital militar Carlos J Finlay, por causa de una enferemedad que la tenía al borde de la muerte, se recupera asombrosamente al ser liberada y estuviera en condiciones de organiza un congreso opositor. Para el autor de esta nota los organizadores los promotores de la Asamblea se les vuelven sospechosos por la libertad con que actuado, teniendo al mismo tiempo una identificación perfecta con el sector intransigente del exilio: "Roque es la figura preferida de los duros y verticales del exilio miamense, quienes coinciden con ella en todos los puntos de vista. Hasta en los ataques a Payá. Ni una sola discrepancia, aunque sea pequeña. Los cubanos hemos aprendido a desconfiar".

Pero no sólo en Estados Unidos tuvo eco la crítica al evento de la APSC realizada desde la oposición interna. En Italia el diario

Corriere della Sera publicó el 23 de mayo[60] la entrevista que alcanzara hacer a Oswaldo Payá, antes de ser expulsado de la Isla, el periodista Francesco Battistini. Según lo publicado por el periodista italiano Payá recordaba la poca disposición de la Asamblea para colaborar con otros proyectos del movimiento democrático como es el caso del *Proyecto Varela*, y aseguraba, además, tener pruebas de que entre los grupos que organizaron el *I Congreso para la Democracia en Cuba* del 20 de mayo habían *colaboradores* del régimen y *amigos* de la Policía política, [Seguridad del Estado]. Así mismo el opositor habría señalado, ante al sonado apoyo internacional que había tenido este congreso, el silencio que existe tanto en Miami como en Europa por parte de políticos que ahora apoyaban a la Asamblea, frente a la represión desatada contra los activistas del Varela. Hay que decir en honor a la verdad que Oswaldo Payá no estuvo de acuerdo con la versión de sus palabras presentadas en la prensa intaliana, y asi lo hizo saber en su *Respuesta al artículo de Francesco Battistini* nota firmada el 2 de junio del 2005 y publicada un día después en www.mclpaya.org, portal del Movimiento Cristiano Liberación; allí entre otras rectificaciones el opositor escribe:

> Nunca dije: "Los otros". Ni tampoco dije: "Muchos de ellos en realidad son colaboradores del régimen, tres son claramente amigos de la policía política, tenemos las pruebas". No los acusé, ni los acuso, solo recordé que era públicamente conocida la pertenencia a la Seguridad del Estado de algunos de los que eran colaboradores cercanos de los que organizaron la reciente asamblea. Estas figuras y esos agentes, trabajaban juntos y se dedicaron a atacar sistemáticamente el Proyecto Varela antes de las detenciones de los 75. Tiempo después, estas figuras, continuaron, atacando el Proyecto Varela, el Diálogo Nacional y a nuestro Movimiento con el apoyo de sectores cubanos muy poderosos de Miami. Todo esto es público no hay que demostrarlo....

> [...] Respeto el derecho de los que asistieron a esa asamblea y no los critico. No he hecho ninguna acusación a nadie de ser de la Seguridad del Estado, solo hemos denunciado los ataques y difamaciones contra nuestro Movimiento. Las personas que dirigieron

---

[60] Ver este artículo en http://www.corriere.it/Primo_Piano/Esteri/2005/ 05_Maggio/23/paya.shtml.

la asamblea del 20 de mayo y algunos sectores poderosos en Miami continuaron, aún después de los encarcelamientos de marzo del 2003, en la misma actitud de difamación y ataques contra nosotros y contra todo lo que hacíamos por los cambios pacíficos. Además, muchos, con un alud de emplazamientos públicos nos exigían explicar porque no íbamos a esa asamblea. Lo que si es cierto es que mientras la Seguridad nos reprime ellos y esos medios de Miami nos atacan sistemáticamente. ¿Por qué nos provocan interminablemente, sabiendo que no solo nosotros, sino que tampoco la mayoría de las esposas de los prisioneros, ni la mayoría de los grupos importantes dentro de Cuba asistió a esa asamblea? ¿Acaso el objetivo mayor era atacarnos a nosotros?...".

Ahora bien, es necesario matizar y reconocer que el Congreso de la APSC, sólo recibió el respaldo de aquellas fuerzas del exterior que intentan contraponer la Asamblea Para Promover la Sociedad Civil en Cuba a otros proyectos impulsados por la oposición moderada dentro de la Isla. Una muestra de esto la tenemos en una declaración difundida en la primavera de 2005 bajo el título de *Carta Abierta de Apoyo a los demócratas Cubanos* [61].

En el documento se anunciaba la realización el 20 de mayo *de un gran foro público para debatir libremente los graves problemas que afectan a la última dictadura comunista de Occidente.* Pero al mismo se recordaba, y esto fue una iniciativa recomendada por uno de los firmantes, Carlos Alberto Montaner, que el ingeniero Oswaldo Payá Sardiñas, había propuesto iniciar un *Diálogo Nacional* encaminado a discutir el modo de poner en marcha la transición cubana hacia un modelo democrático. Los firmantes de la carta se solidarizaban con ambas iniciativas, proclamando su respaldo a *todos los disidentes genuinamente demócratas de la oposición cubana,* y exhortando a los gobiernos del mundo a que estuviesen atentos a la suerte de estos luchadores por la libertad, condenando sin paliativos la violación de los derechos humanos en Cuba y exigiendo al Gobierno de La Habana la puesta en libertad de presos políticos que yacen en las cárceles. La carta impresiona por la amplitud en importancia de sus firmantes y aunque entre ellos aparece la firma de algún que otro individuo que pronto se destaparán o ya se

---

[61] La carta aparece publicada en http://www.gees.org/articulo/1270.

han manifestado como furibundos críticos del cubano premio Sájarov y partidarios incondicionales de Marta Beatriz Roque. Tal es el caso de la escritora Zoe Valdés, quien ha cuestionado incisivamente a Payá, primero durante una conferencia de prensa organizada en París con el opositor organizada en París por Le Nouvel Observateur, y luego en un peyorativo artículo titulado "Payá y pacá", publicado por *El Nuevo Herald*, el 2 de marzo de 2003. El otro caso es el del *ornitólogo* Carlos Wotzkow, al que ya nos hemos referido en el primer capítulo de este libro. En su mayoría se tratará de intelectuales realmente interesados en apoyar todas las vertientes de la nueva sociedad civil que se enfrenta al Estado en Cuba. Esto se cumple lo mismo para firmantes cubanos como son el músico y escritor Paquito D'Rivera, los periodistas Carlos Alberto y Gina Montaner, el actor Andy García, el ensayista Enrique Patterson, la antropóloga feminista Ileana Fuentes, el historiador y analista Juan Benemelis, el periodista Juan Manuel Cao, el narrador Enrique del Risco, el filósofo Emilio Ichikawa, el crítico literario Jacobo Machover, el publicitario Roberto Fontanillas-Roig, el activista histórico por los derechos humanos Ricardo Bofil, el economista Arnoldo Müller y la catedrática Beatriz Bernal. Lo mismo podría decirse de las personalidades no cubanas, como los escritores Mario y Álvaro Vargas Llosa, la periodista Rosa Montero, el cantante Willie Colón, los escritores Denis Rousseau y Roberto Ampuero, o el ensayista Primer Vicepresidente del Parlamento Europeo Alejo Vidal-Quadras, entre la enorme lista de personalidades que al subscribir ese documento patentizaron la buena fe con que respaldan toda iniciativa aparentemente contribuya a mejorar la situación de las libertades en Cuba. Lo importante sería determinar si tan buenas intenciones se corresponden con los objetivos inmediatos o a largo plazo de los gestores internos y auténticos auspiciadores externos de la Asamblea Para Promover la Sociedad Civil en Cuba.

Ahora bien, de todos los apoyos recibidos por el congreso de la APSC, el más útil, en cuanto podría haber atenuado la imagen de ser éste un evento organizado por la derecha del anticastrismo, además de significar el quiebre entre los grupos que no comparten sus posiciones, fue el otorgado por Vladimiro Roca, en su condición de vocero de la coalición moderada Todos Unidos —a la que también pertenece el Movimiento Cristiano Liberación dirigido por Oswaldo Payá— y de presidente de una de las organizaciones socialistas dentro de la oposición en la Isla, el Partido Socialdemócrata de Cuba (PSDC). En vísperas de la reunión organizada por la APSC, aparecería la siguiente nota en el portal del PSDC[62]:

> Nosotros, el Partido Socialdemócrata de Cuba, en consecuencia con nuestros Principios y Valores nos reiteramos como demócratas y pluralistas, y esto nos obliga a apoyar todas las iniciativas que como la Asamblea para promover la Sociedad Civil, tienen por objetivo final la instauración de la democracia en Cuba. Ése es un compromiso que mantendremos vivo toda vez que creemos que "la Unión hace la Fuerza", y esa fuerza será la que acabará con el flagelo de nuestro pueblo cubano.

Hay que recordar que el fundador y presidente de este partido tiene viejos nexos con los organizadores del congreso de la APSC, contactos templados en la disidencia intelectual, la condena y el martirio carcelario. Vladimiro Roca, sufrió prisión junto con Félix Bonne Carcassés, René Gómez Manzano y Martha Beatriz Roque Cabello, por haber redactado entre los cuatro, el documento "La Patria es de Todos", una respuesta al titulado "Partido de la Democracia, la Libertad y los Derechos Humanos que Defendemos", presentado por los gobernantes cubanos en el V Congreso del Partido Comunista. "La Patria es de Todos" fue firmado el 27 de junio de 1997, por autores que por entonces conformaban el llamado Grupo de Trabajo de la Disidencia Interna. Se trata de un ensayo difícil de objetar en el que se emplazó a las autoridades cubanas para que, entre otras cosas, expusieran:

- La forma que se va a salir de la catastrófica situación económica.

- Solución para el vacío ideológico que ha creado la crisis política existente, que entre sus consecuencias, ha llevado a la juventud a vestirse con símbolos de banderas extranjeras.

- Lo que se va a hacer para mantener, al menos, los niveles que alcanzó la Salud Pública, la Educación y la Seguridad Social y para no incrementar la dolorosa situación de la población.

[62] Ver página del PSDC en http://pscuba.org.

- ¿Qué va a convenir el Gobierno cubano para solucionar los diferendos internacionales y tratar de insertar tasas de economía globales?

- Las medidas que tomará para la eliminación del embargo norteamericano.

- Las vías para recuperar la parte del territorio cubano ocupada por bases militares extranjeras: Guantánamo, Lourdes y Cienfuegos [las dos últimas soviéticas].

- La manera de encausar al número creciente de personas que expresan su oposición a la política oficial y de dejar de considerar al ciudadano cubano como una persona de tercera categoría en su propio país[63].

El 16 de julio de 1997, Roca y sus tres compañeros fueron encarcelados tras haber presentado a corresponsales extranjeros este documento. Fue una detención acelerada por las bombas colocadas en los hoteles Nacional y Capri, el 13 de julio de 1997. Según declarara Vladimiro Roca el juicio fue una farsa, carente de posibilidades para la defensa, donde los encartados fueron juzgados arbitrariamente por sedición, a pesar de no haber cometido acto violento alguno[64].

No cabe duda de que la dura cárcel cubana fue incapaz de doblegar a los firmantes de la "La Patria es de Todos", sobre todo en la voluntad de permanecer en Cuba y continuar asumiendo los riegos que implican cualquier oposición al Gobierno de la Isla. Ahora, sin bien tras la excarcelación, la pasión anticastrista, lejos de atemperarse parece acrecentada en los integrantes del Grupo de Trabajo de la Disidencia Interna. otra cosa parece ocurrir, sobretodo entre los tres que enrumbaron a la dirección de la APSC, respecto a la manera de enfocar y razonar sobre los mejores medios para vencer al régimen imperante. Poseedores de un conocimiento profundo de cómo funciona el sistema totalitario cubano, y sobretodo de aquellos cubanos

---

[63] El documento La Patria es de Todos se encuentra en varios sitios de la Red entre ellos en la página del PSDC [http://pscuba.org/documentos/historicos/patriadetodos.htm].

[64] Ver entrevista con Vladimiro Roca, por David Casco en http://www.cuba-liberal.org/escritoencuba/040714-entrevistaaroca.htm.

que todavía piensan como ellos hicieron en las primeras décadas de su vida, cuando se formaron como profesionales al servicio de una revolución, cuyo cariz estalinista ya se adivinaba, sabrían pues cómo conquistar a quienes todavía defienden el sistema que ya ellos combaten. Sin embargo los gestores del Congreso desechan ese capital intelectual que les permitiría ganar para la causa de la democratización a miles de compatriotas, apostando en cambio por el mismo discurso que haría quien nunca se integró a la llamada revolución cubana o que combate al régimen de Fidel Castro desde un añejo destierro, con todo lo que ello significa de desarraigo y desinformación sobre los cambios estructurales e ideológicos que inevitablemente, y a pesar tanto de las expectativas de los duros del exilio o como del Gobierno, tienen lugar en Cuba.

13.4. MARTHA BEATRIZ ROQUE EMBAJADORA DE LA INTRANSIGENCIA EN CUBA

Martha Beatriz Roque embajadora de la intransigencia en Cuba

Mucho antes de su última puesta en libertad, se veía venir a Marta Beatriz Roque, —junto al Doctor Óscar Elías Biscet— como una de las apuestas dentro de Cuba del exilio duro en Miami. Si excluimos el caso del poeta Raúl Rivero podría decirse que las campañas por la liberación de Roque resonaban con mucha más fuerza que el conjunto de las demandas de liberación para el resto de los opositores condenados en la primavera de 2003. Como parte de la campaña en pro de la opositora encarcelada se publicó, en junio de 2003, en Miami, el ensayo de Rogelia Castellón *Martha Beatriz Roque*[65], obra que sirve más que para dar a conocer la biografía política de la prisionera política, para presentarle al exilio que repudia las reformas y el diálogo a una figura dentro de la oposición con la cual identificarse.

---

[65] Castellón, Rogelia (2003). Martha Beatriz Roque. Editorial Zun Zun inc, Miami.

Marta Beatriz Roque (primera a la izquierda)

En esta especie de biografía no hay apenas indicios de la mujer que creyó en la revolución e hizo una carrera profesional dentro de ella, como los miles de cubanos que aún sirven de sostén a una dictadura que actúa contra sus propios intereses. Se habla en el ensayo más bien de la corredactora de "La Patria es de Todos", de la mujer que denuncia las faltas de libertades en Cuba, del coraje, indiscutible con que enfrentó la cárcel y sobretodo de su intransigencia frente a cualquier intento de diálogo entre la oposición y las instituciones oficiales.

El libro, no solo busca la comprensión por la lucha de una mujer condenada a 20 años de prisión, sino que intenta contraponer su figura a la Oswaldo Payá destacando las criticas (quizás la incomprensión) de Roque frente al referéndum propuesto Payá:

"La oposición al proyecto no es porque trate de utilizar la fisura, es sencillamente porque en ella está Fidel Castro al frente. Supongamos que todo salga bien, ¿va el dictador a encabezar un referendum que piensa lo va a llevar a perder el poder?¿El mismo se va a poner la soga al cuello?" (Castellón 2003: 77).

En cuanto a la posición de Marta Beatriz Roque frente al embargo, Castellón le da una buena noticia a los que le defienden a ultranza cuando les recuerda lo que Martha Beatriz Roque opina:

"Levantar el embargo por el referéndum del Proyecto Varela, sería regalarle a Fidel Castro 43 años de lucha. Créame no merece la pena tanto sacrificio por nada" (Castellón 2003: 78).

En la primera declaración citada por Castellón hay una evidente simplificación del *Proyecto Varela*, ninguno de sus promotores ha dicho que ha de ser Fidel Castro quien encabece dicho referéndum, lo había encabezado la ciudadanía, basándose en la pseudo institucionalidad de que "disfrutaba" cuando el proyecto fue concebido, o se reduciría esa misma institucionalidad al absurdo, como sucedió cuando, frente al apoyo creciente que iba ganando la propuesta de referéndum, el régimen anuló por decreto uno de los pocos espacios concedidos por la Constitución a la iniciativa popular, lo cual no es poco éxito frente a la victoria pírrica del Poder. En cuanto a la posición *de todo o nada* con relación al levantamiento del embargo, coincide perfectamente con la de los sectores más recalcitrantes del exilio, quienes ni siquiera ven en este un instrumento para negociar concesiones, como sería por ejemplo la viabilización de un referéndum de inspiración democrática como el *Proyecto Varela*, son estos mismos sectores, los que ven en Marta Beatriz Roque y quienes le circundan los líderes de la Cuba Futura.

Es lógico pues, que en el libro de Castellón se haga alusión permanentemente a las reivindicaciones hechas por Martha Beatriz del papel del exilio; al tiempo que se obvia, el rol, en la democratización de Cuba, que podrían jugar aquellos cubanos que hoy por hoy sirven de valuarte al régimen imperante, es decir, los miles de soldados, obreros, campesinos y profesionales que con un carnet del partido o no, con mayor o menor convicción, defienden al comunismo, ya sea porque no conocen otra alternativa política a la existente (y es aquí donde la disidencia ha de jugar su rol pedagógico; conjurando los miedos que identifican al futuro Gobierno de Cuba con el poder de aquellos exiliados que apoyan a Marta Beatriz Roque, de esos que guiados más por la pasión que por la razón, implementan políticas que, lejos de acercarles, les alejan aún más de la población de la Isla.

Por supuesto, existe otro exilio, el que conforman organizaciones favorables al diálogo y el levantamiento del embargo, como son el Partido Demócrata Cristiano de Cuba, la Coordinadora Social Demócrata o el Comité Cubano Por La Democracia, de aquellos que no pueden sentirse reflejados en las posiciones que sostiene Martha Beatriz, aunque respeten su valor de mantenerse y luchar en Cuba por lo que cree.

Marta Beatriz no ha defraudando al exilio verticalista, por el contrario le ha entregado lo que más necesitaba para justificar su política de aislamiento, una coalición de grupos con posibilidades objetivas de fortalecerse a nivel interno y externo, como explicaremos al final. Se trata de la Asamblea Para Promover la Sociedad Civil en Cuba, el paraguas engendrado por Martha Beatriz Roque como parte de su trabajo con el reconocido oficialmente Instituto Cubano de Economistas Independientes. El nacimiento de la APSC fue anunciado por Roque el 28 de octubre de 2002, entonces con la participación de unas 321 organizaciones. Con la criatura de Marta Beatriz Roque encontró el exilio duro un verdadero *Caballo de Troya* dentro del movimiento democrático en la Isla. Quien lo dude solo debe completar la lectura del ensayo escrito por Rogelia Castellón, con la de la Resolución General de la Asamblea para Promover la Sociedad Civil en Cuba[66], aprobado unánimemente —recordando el estilo de los congresos del Partido Comunista de Cuba— el 21 de mayo de 2005 al terminar el congreso de la coalición, un documento en cuya autoría Martha Beatriz Roque participa no menos de lo que participó en "La Patria es de Todos". No ha de extrañar que fuese la voz de la economista la encargada de vertir aquel día, a los cuatro vientos, el contenido de la Resolución por las ondas de *TV y Radio Martí*.

La Resolución General de la Asamblea para Promover la Sociedad Civil en Cuba, merece un análisis particular. En el acuer-

---

[66] La Resolución General de la APSC se encuentra en http://www.asambleasociedadcivilcuba.info/RG_mayo20/ResolucionAPSC.htm

do se demanda la excarcelación inmediata de todos los presos políticos, sin listas, plazos ni exclusiones; es una clara alusión a los casos de actos violentos, que no se incluyen en otras peticiones hechas en igual sentido por grupos opositores. La APSC considera el tema de los presos políticos como el primero en su agenda por lo que continuará el monitoreo de su situación, los actos en reclamo de su libertad y las protestas por los abusos que sufren. Asimismo parte de la base de que para que la excarcelación de los actuales presos políticos no se convierta en una burla, no deben encarcelarse más ciudadanos por discrepar con el sistema imperante.

La Asamblea cataloga de *estalinistas* al régimen que impera hoy en Cuba. Reconoce pues que se trata de un régimen totalitario y netamente antidemocrático. La misma valoración aplica a la llamada *Constitución Socialista*, al régimen de partido único y al sistema electoral vigente. Se trata de una verdad de Perogrullo que sólo desconoce el sector autoritario de la izquierda internacional que aún respalda a Fidel Castro, un sector al que los activistas de la APSC, ya no estarán en condiciones de ilustrar, dado el tipo de aliado por el que apuestan de una manera mas que efusiva, en este caso el Gobierno conservador de los Estados Unidos.

La Asamblea demanda el retorno de Cuba a sus tradiciones democráticas, de pluralidad de partidos, programas, ideologías políticas y candidatos, pero no explica los males que dentro de aquel sistema dieron lugar a los procesos degenerativos de esas mismas libertades y que dan lugar al actual estado de cosas en la Isla. Sin duda el acápite se inspira además en las críticas e incomprensiones expresadas, sobretodo desde el exilio, ante proyectos como el *Varela*, que intentan utilizar resquicios de legalidad imperante para desde ella desarrollar cambios democráticos en la Isla.

La Asamblea rechazó cualquier discriminación de los ciudadanos por sus ideas políticas, así como cualquier disposición que implique autoridad de algún partido político sobre el conjunto de la sociedad atacando así el monopolio que detenta el Partido Comunista. También, en un acto de priorización de los derechos de los exiliados proclamó la plena cubanía de los desterrados, en su condición inalienable de miembros de la nación cubana, demandando que se les reconozca el libre acceso al sufragio activo y pasivo y demás derechos ciudadanos en su gestión a plazo de residencia en Cuba u otros requisitos.

Con relación a los derechos humanos la asamblea proclamó su total apoyo a los mismos exigiendo al Gobierno cubano el respeto integral de su *Declaración Universal*. Los asamblearios encaminarán todos los esfuerzos para que el pueblo cubano gane una conciencia cada vez mayor acerca de los derechos que posee y que le son conculcados por el Gobierno actual. Lo problemático será el conjugar esa campaña con el respaldo a medidas que coartan los derechos de los cubanos emigrados en los Estados Unidos a viajar a su país de origen o ayudar materialmente a ese mismo pueblo que la ASPC pretende despertar.

Sobre la pena de muerte, la asamblea demandó su abolición inmediata anunciando que mantendrá la denuncia de las ejecuciones, recordando las que tuvieron lugar desde el 1 de enero de 1959, hasta las perpetradas en marzo de 2003 en las personas de tres cubanos que intentaron secuestrar una lancha de pasajeros para escapar del país. Éste sería un punto en el que los asamblearios podrían establecer acuerdos comunes con las "fuerzas progresistas" del mundo —reconozcámoslo, un tanto olvidadizas de la dictadura cubana— si no fuera por el lastre "republicano" que la embarga, es decir, por sus contactos con quienes defienden en los vecinos USA la aplicación de la misma pena que en Cuba quieren combatir.

En cuanto a la economía cubana, plantea, un hecho indiscutible, que esta se encuentra en una situación de *franca crisis*, y proclama la necesidad de realizar cambios económicos que otorguen libertad económica a los ciudadanos, lo que redundaría, según los redactores de la resolución, en el desarrollo de la sociedad civil y la democratización del país. Destaca dentro de los cambios aquellos dirigidos a fomentar de inmediato la inversión extranjera, para sustentar el desarrollo sostenible del país, con el fin de incrementar lo más rápido posible el poder de compra y las exportaciones. Nada sobre seguridad social, ni la revitalización de las infraestructuras medicas, educativas y deportivas, que construyera, en sus años de subsidio soviético, el comunismo cubano. Fueron hechas con fines políticos, pero, de ser reconstruidas, serían de gran utilidad para un régimen de democracia social como el que sueñan los cubanos.

En cuanto a la llamada *batalla de ideas* que impulsa el Gobierno, ésta es catalogada por la Asamblea como ofensiva propagandística, dirigida fundamentalmente a ocultar *la orfandad de discursos políticos en que ha caído el régimen a raíz de la disolución del antiguo campo socialista, así como la demostración irrefutable de la inviabilidad de las ideas marxistas-leninistas y de la absoluta ineficiencia del sistema dirigista de inspiración comunista.* En especial cuestiona sinceridad del Gobierno en su lucha contra del terrorismo, emplazándolo a demostrar el rechazo del flagelo con las siguientes medidas:

- Colaborar de manera concreta con los esfuerzos que llevan a cabo otros países y la comunidad internacional en su conjunto en contra del terrorismo.

- Expulsar de Cuba a los miembros de la organización vasca ETA, así como a cualesquiera otros extranjeros terroristas que hayan encontrado refugio aquí.

- Retirar los monumentos erigidos en honor de personajes tales como Sergio González "El Curita", Ofelia Díaz Báez y los demás, que entre otras actividades en contra del régimen de Batista se hayan dedicado a detonar bombas en hoteles, cines, calles, parques y otros sitios públicos.

- Reconocer que, además de las referidas actividades realizadas antes del triunfo revolucionario de enero de 1959, con posterioridad a esa fecha el actual Gobierno cubano ha propiciado el entrenamiento de miles de personas, muchas de ellas extranjeras —en especial ciudadanos de países hermanos de Latinoamérica— en actividades como el uso de armas de fuego y la elaboración y colocación de bombas. Estos conocimientos han sido utilizados entre otras cosas en la realización de atentados personales y otros actos terroristas por parte de organizaciones subversivas que han contado también con la protección, el financiamiento y el aliento de las autoridades cubanas.

- Presentar disculpas públicas a los familiares de los muertos en el hundimiento del remolcador "13 de Marzo"... [aplauso prolongado]. Presentar disculpas públicas a los familiares de los muertos en el hundimiento del remolcador "13 de Marzo" y en

las avionetas derribadas el 24 de febrero de 1996, así como los
de los fusilados en procesos sumarios y de otras víctimas.

- Reconocer que las organizaciones de la disidencia interna repu-
dian totalmente los métodos terroristas de lucha.

Al margen de las críticas totalmente merecidas al régimen, se
nota en este acápite la vocación confrontacional de la APSC, cuando no contenta con poner al descubierto los pecados intervensionis-
tas del Gobierno, arremete contra la iconología *revolucionaria* al
uso. La intención de presentar al régimen como un peligro internacional (lo cual no es del todo falso) es clara, un acto que fortalece las
posiciones de quienes dentro de la política o los micrófonos radiales
cubano americana, abogan, para Cuba por una solución a la Irak, lo
cual sería, de cualquier manera, reprobable. La vida de un niño
cubano, de los tantos que morirían en caso de una invasión de ese
tipo, vale más que toda la libertad del mundo, algo que pasan por
alto los apasionados del anticastrismo.

Como parte de su trabajo ulterior la APSC, propone entre otras
medidas de interés promover el documento "La Patria es de Todos"
*mediante su reedición en cantidades suficientes para ser distribuido
lo más ampliamente posible entre los ciudadanos, reconociendo lo
acertado de los análisis y señalamientos que él contiene, en particular en los temas políticos, económicos, jurídicos, históricos y medio
ambientales, y por otra parte de la vigencia de sus planteamientos.*
El documento de marras, es sin dudas un texto valioso, mas percibe
aquí un cierto culto al texto que nos recuerda la veneración con que
el régimen cubano ha tratado la *Historia me absolverá* alegato de
autodefensa atribuido a Fidel Castro tras su asalto al Cuartel
Moncada en 1953. Del culto la escritura sería fácil pasar al culto de
sus autores y este es un peligro que puede extraerse de tanta insis-
tencia en "La Patria es de Todos", un material cuya pertinencia en el
contexto del congreso parece radicar, más que nada, en haber sido
escrito, años atrás, por los principales organizadores del cónclave.

En sus conclusiones la *Reunión General de la Asamblea para
Promover la Sociedad Civil,* proclamó la disposición a continuar sin
claudicaciones la lucha pacífica en pro de la democratización de
Cuba, manteniendo con el exilio sus indisolubles *lazos de amor y*

fraternidad, y declarando la absoluta vigencia de la frase lapidaria y revolucionarista de José Martí: "*Para Cuba ya es hora*".

Si bien son de gran valor las declaraciones hechas en estas conclusiones; contra la pena de muerte, por el respeto de los derechos humanos y la democratización, la inspiración confrontacional del documento hace dudar de la viabilidad de la APSC como una coordinadora que logre reactivar la sociedad civil cubana, arrastrando tras de sí ya no sólo al actual movimiento democrático, sino también a la ciudadanía en general, sin distinción de credos o ideologías. De entrada un amplio sector de la población ha sido excluido como receptor de su mensaje, entiéndase esa masa incalculable de cubanos que quizás ya no crean en Fidel Castro pero que por convicciones o por desinformación, teme tanto a los Estados Unidos, como a los exiliados de política miope que tanto se destacaron en el respaldo a la Asamblea.

Lo primero que necesita Cuba es sembrar la confianza entre todos sus ciudadanos, sean exiliados, opositores, o socialistas (comunistas o socialdemócratas), liberales, democristianos o conservadores. Sin embargo en este proyecto, donde todo lo que hay y ha habido en Cuba se pinta del peor color, quedan excluidos aquellos que por las razones que sean constituyeron y aun constituyen baluartes del sistema, así como estructuras estatales o civiles, legalmente reconocidas que, liberadas del control del *Partido Único,* podrían servir de instrumentos para el cambio, como nos enseñan las experiencias de los procesos democráticos europeos en la segunda mitad del pasado siglo, lo mismo al este que al oeste del telón de acero. Al mismo tiempo, con las manifestaciones realizadas durante el evento en pro, no sólo del exilio, sino de un gobierno extranjero, se le sirvió en bandeja el argumento que tanto necesita el Gobierno cubano para cuestionar la autenticidad patriótica de la oposición a fin de restarle a ésta legitimidad frente a un pueblo al que se le ha exacerbado en nacionalismo como es el cubano.

Con sus declaraciones de principios, los asamblearios, además de correr un enorme riesgo, si tomamos en cuenta la ya mencionada incoherencia de la represión en Cuba, poco es lo que hacen para debilitar al sistema que combaten. Ni ganarán para la causa de la democracia a nuevos cubanos, ni contribuirán a tejer la unidad de los que ya están comprometidos en esa lucha. Ahora, si bien los promotores de esta Asamblea no aceleran el cambio, si están labrando el terreno para la política futura en Cuba. En el caso, para nada sorprendente, de que el sistema se desmoronara mañana producto de sus propias contradicciones, aquellos que sostuvieron las posiciones más firmes en su contra, serán catalogados de verdaderos patriotas, mientras que los que mediante la reforma y la no-confrontación directa buscaron la solución de los males, incluso desde la cárcel, correrán el peligro de ser borrados de la historia oficial u olvidados por décadas como aconteciera con los ilustres reformistas cubanos, muchos de ellos exmambises que a fines del siglo XIX anhelaban el máximo de libertad y bienestar para su Isla al menor costo posible, echando a un lado las pasiones que desecandenaron sangrientas guerras y colocando toda la razón en la búsqueda de soluciones dentro de las estrechas posibilidades que ofrecía el régimen colonial.

El cuadro que se nos presenta ahora, en la Cuba de principios del siglo XXI recuerda en mucho a la Cuba de fines del siglo XIX, nada asemeja más al inmovilismo colonial de entonces que el inmovilismo del comunismo actual, si aquel provocó el *desastre* de los intereses españoles en la *siempre fiel Isla de Cuba*, el segundo, con su testarudez irracional, no dejará de hacer otro tanto en *el primer territorio libre de América,* haciendo inviable, al menos para las generaciones presentes, cualquier proyecto de orientación socialista, no importa su apellido.

En la oposición al inmovilismo del poder se hayan las dos vertientes que el congreso de la ASPC ha servido para dejar en claro: de un lado la los radicales que sin reconocerlo, le hacen el juego al Gobierno y que cuentan, al mismo tiempo, con asideros poderosos en el exterior, con la ayuda incondicional quienes quisieran cambiarlo todo en Cuba de un tajo, sus representantes en la Isla, si bien no apelan a las armas como los mambises del XIX, al menos aportan los elementos febriles que, fuera de la Isla, todavía sueñan con machetes y teas incendiarias. Del otro lado, en la misma oposición, quienes quines razón en mano, le dieron la espalda a la APSC, los que sin perderse en veredas, siguen el largo y sinuoso camino de la paz y la concordia, entre todos los cubanos, única vía para sacar a su país del atolladero.

A pesar de lo anterior y si el régimen no viola la lógica manifestada durante la realización del encuentro de la APSC, es esta la organización que se vislumbra con las mayores probabilidades de fortalecimiento; en primer lugar porque la dictadura seguirá dándole ala, mientras centra la represión sobre los grupos que compiten con el Gobierno en el discurso de la responsabilidad social o desarman a sus inquisidores con propuestas francas de diálogo y transición pacífica, y que no tienen ambages reconocimiento de los aportes que como cualquier régimen, el de Cuba tras más de cuatro décadas de existencia haya podido ofrecer, en un momento dado, para el bienestar de los cubanos.

La APSC crecerá porque atraerá para sí activistas de buena fe seducidos por aquellas de sus propuestas que son acertadas; fomento de la sociedad civil, lucha contra la pena de muerte… pero también porque ha demostrado, con los recursos invertidos en el lanzamiento nacional e internacional de su congreso, contar con un gran apoyo político y financiero tanto entre los duros del exilio, como aquellos que en general consideran que ha de apoyarse todo movimiento opositor que nazca en Cuba, sin discriminarles por sus métodos o ideologías. Los grupos pequeños del interior cuyos miembros languidecen, literalmente, por las medias de castigo represivas o laborales que le impone el Gobierno, acudirán a la APSC en busca de recursos. También lo harán aquellos que por falta de una plataforma ideológica consistente, como las que gozan los democristianos, liberales y socialistas democráticos no sumados a la Asamblea, no logran atraer mayor membresía a sus grupos, éstos se harán *grandes* desde dentro de la APSC, la cual contará además en su favor con el trabajo solapado de reclutamiento que hará la *seguridad del Estado*, ya enviando a sus miembros, ya sembrando la cizaña y creando cismas entre quienes disienten de la manera en que la APSC hace lucha contra el totalitarismo. Así se irá fortaleciendo en Cuba la oposición que encaja perfectamente en los moldes que los intransigentes del Gobierno necesitan para justificar el inmovilismo del sistema[67].

Frente al respaldo exterior recibido por la APSC contrasta la falta de compromiso internacional con otros sectores internacionales con sus homólogos de la sociedad civil cubana. Un claro ejemplo se manifiesta por ejemplo en la apatía con que, salvo excepciones, partidarios europeos y latinoamericanos del socialismo democrático abordan los problemas de la izquierda democrática cubana. El hecho fue denunciado por Manuel Cuesta Morúa, en carta firmada en La Habana el 10 de junio de 2005, distribuida 28 de junio de ese mes entre los miembros del *Grupo Socialista* en el Parlamento Europeo. La misiva está dirigida en particular a Poul Nyrup Rasmussen, Presidente del Partido Socialista Europeo, Martin Shultz, Presidente del Grupo Socialista del Parlamento Europeo, Pasqualina Napoletano, Vicepresidente del Grupo Socialista del Parlamento Europeo, y en general a los eurodiputados del Grupo Socialista, en ella el disidente cubano alerta que si la izquierda democrática internacional no se involucra suficientemente en la transición cubana, las posibilidades de democratización y la soberanía de la Isla estarían amenazadas, desde una perspectiva socialista:

> [...] Las premisas de nuestras propuestas son claras: soberanía nacional y no injerencia, diálogo político, reconciliación entre los cubanos, transición gradual y pactada y no aislamiento de Cuba; unas propuestas hechas sin gestos estridentes ni maximalismos políticos.
>
> En este punto, sin embargo, y aprovechando la oportunidad de expresarme entre amigos, ha faltado el apoyo global, sostenido,

---

[67] El arresto de los tres líderes de la Asamblea, con motivo de una manifestación de protesta realizada frente a la Embajada de Francia en La Habana el 22 de julio de 2005 —manifestación convocada abiertamente por Marta Beatriz Roque desde las ondas de Radio Martí— no cambia la cuestión del particular interés que tiene el gobierno cubano de mantener viva la APSC. Así lo demuestra el hecho de que sólo se retuviera en prisión a una de estas figuras, René Gómez Manzano, mientras que Roque y Bonne pudieron regresar inmediatamente a sus casas. El mensaje es claro: si bien la calle no podrá ser tomada por ningún grupo opositor, tampoco conviene al Poder que la Asamblea para Promover la Sociedad Civil en Cuba se descabece en estos momentos, aún cuando le sobren pretextos para ello.

urgente y comprometido del socialismo democrático mundial. Hemos recibido apoyos puntuales pero no el sólido soporte de quienes consideramos pueden potenciar el tránsito equilibrado de la sociedad cubana hacia la democracia; que en el límite máximo impida o en el límite mínimo reduzca el impacto negativo de una transición pendular que se dibuja en Cuba bajo el inmovilismo del Gobierno de mi país y la presión geopolítica estadounidense.

Por lo pronto, la izquierda democrática cubana tiene una ventaja: una propuesta institucional de futuro bien instalada en el presente; pero tiene la desventaja de que los términos de la democratización de Cuba están monopolizados por una tendencia: la derecha, ultraderecha casi, y una potencia: los Estados Unidos. Un desequilibrio internacional que puede y debe ser corregido.

El socialismo democrático europeo está, entonces, ante la coyuntura de apostar por esa transición equilibrada por la que abogamos en Cuba. El punto de partida es fundamental para poder influir en los rumbos del futuro. Este encuentro de hoy puede significar una inflexión en los sostenidos pasos que desde este Grupo se vienen dando para darle fuerza y visibilidad a una apuesta razonable, para un país que puede compartir los valores que defendemos: solidaridad, democracia, respeto y promoción de los derechos humanos, multilateralismo en las relaciones internacionales y un entorno de paz en un mundo que se globaliza, desafortunadamente no siempre a favor de los excluidos[68] [...].

Con esta carta de trasfondo ha de reconocerse la lección de lo que podrían hacer por los suyos en Cuba los socialdemócratas del mundo, que le dan los amigos de la APSC y su congreso, ya fueran conservadores, liberales o carentes de una ideología clara.

En cuanto a quienes de buena fue desean respaldar al pueblo cubano en su lucha por la democratización, han de saber que las vías para su bienestar se bifurcan claramente en canales determinados por las estrategias dictadas, de un lado por la pasión, del otro por la razón, ¿cuál de los dos activará con real fuerza el molino hidráulico de la democracia?. Ésa es hoy la cuestión que deben responderse los amigos de Cuba.

---

[68] Ver esta Carta en: http://www.cubanuestra.nu/web/article.asp?artID=2630.